# 企业大合规

HARMONY COMPLIANCE
SUPPORT SYSTEM

李明燕　洪　麒◎著

合规管理　合规内控　全面风险管理　合规文化
合规绩效考核　员工合规培训
合规手册　预防合规风险　合规风险识别　合规工作底稿

中国经济出版社
CHINA ECONOMIC PUBLISHING HOUSE
北京

图书在版编目（CIP）数据

企业大合规 / 李明燕，洪麒著. --北京：中国经济出版社，2021.6

ISBN 978 - 7 - 5136 - 6501 - 8

Ⅰ.①企… Ⅱ.①李… ②洪… Ⅲ.①企业法 - 研究 - 中国 Ⅳ.①D922.291.914

中国版本图书馆 CIP 数据核字（2021）第 120443 号

责任编辑　贺　静
责任印制　巢新强
封面设计　华子设计

出版发行　中国经济出版社
印 刷 者　北京力信诚印刷有限公司
经 销 者　各地新华书店
开　　本　710mm × 1000mm　1/16
印　　张　13
字　　数　173 千字
版　　次　2021 年 6 月第 1 版
印　　次　2021 年 6 月第 1 次
定　　价　69.00 元
广告经营许可证　京西工商广字第 8179 号

**中国经济出版社** **网址** www.economyph.com **社址** 北京市东城区安定门外大街 58 号 **邮编** 100011
本版图书如存在印装质量问题，请与本社销售中心联系调换（联系电话：010 - 57512564）

# 目　录

# 第一章　合规的发展历程[①]

为说明合规制度体系是如何产生、发展并成为现代企业的必备之物和生存之基，我们需要简单了解各国尤其是美国的合规治理实践发展历程。

## 第一节　美国的合规治理实践发展历程

市场经济从诞生之日起就带着规则属性，现代企业制度的诞生也源于企业对法律法规的自觉遵守，合规本身就是市场经济发展的必需品。研究美国对企业合规治理的探索历程，1929 年是一个重要的时间节点，经济大萧条带来了严重的社会危机、政治危机、世界和平危机，危机也促成了一系列针对企业的管控立法。《国家工业复兴法》《证券交易法》遏制了企业无序的竞争与不当行为，使实体经济和金融都朝着有序的市场方向迈进。但是合规管理的理论自觉则是 20 世纪 60 年代以后的事情，其代表性案件是包括通用公司在内的 30 多家重型电气设备公司违反《反托拉斯法》[②]，导致企业和 44 名董事高管被起诉，根据《反托拉斯法》，这些人都将面临被监禁的刑罚。在庭审中，通用公司以自己早在 1946 年就根据《反托拉

① 李本灿，等，编译．合规与刑法：全球视野的考察［M］．北京：中国政法大学出版社，2018：1－95.

② 李胜利．美国联邦反托拉斯法的历史经验与世界性影响［D］．长沙：中南大学，2012.

斯法》实施了合规管理制度为公司作无罪辩护，如通用公司要求公司职员在《反托拉斯法》宣言上签字确认。当时的美国法院并未采纳该辩护意见，这些公司中有31人被判处有期徒刑及缓刑，罚金有两百多万美元。这个案件反映了当时美国严厉的监管环境，虽然合规管理制度的法律意义还未能得到司法确认，但是依然受到了众多企业的重视。

20世纪70年代，"水门事件"① 后，合规管理迎来了大发展。"水门事件"导致在总统选举中违法为尼克松捐款的数家企业及董事遭到起诉，随即美国证券交易委员会（SEC）要求企业遵守《1933年证券法》和《1934年证券交易所法》，并以说明书或报告的形式说明自己的资金使用情况，特别是政治献金，这导致许多企业为了掩盖自己在选举中的违法捐款行为而进行财务造假。值得注意的是，美国公司在海外也有大量政治献金和贿赂行为存在。美国证券交易委员会为此暗示企业，如果实行了符合要求的公示，被强制起诉的可能性可以得到降低，这些要求如下：①对外宣布立即停止企业在国内外的可疑不当行为；②进行彻底的内部调查；③以恰当的方式公示调查结果。企业自主公开行为的增加导致大量违法或不当行为被主动曝光，这些违法行为的普遍性大大超出了社会预期，反映出此前监管制度的失败，国内一时舆论哗然。为此，合规管理和内控制度逐渐走向台前。当时，企业内部普遍不以违法行为为耻，如贿赂行为，企业董事和员工缺乏行为指导，信息沟通渠道不畅，而1977年《反海外腐败法》（FCPA）的出台和相关法律的修订使合规管理和内控制度成为企业的法律义务，给企业提供了自主纠正的指导原则。但合规管理制度仍不是成文的法律，其效果也受到社会的普遍怀疑。1988年《内幕交易与证券欺诈取缔法》应当时华尔街内部交易丑闻而生，要求企业建立严格的内部信息控制制度，1986年的《环境审计政策声明》则将环境监察作为企业的合规管理

① 刘爽. 我国商业银行合规风险控制法律制度研究[D]. 郑州:郑州大学,2011.

之组成，要求企业根据自身环保法执行情况建立监察部门进行监督和报告。整个20世纪80年代，美国企业在“丑闻出现—社会谴责—政府处罚—制度变革”的道路上越发重视企业的合规管理与内部控制，合规管理制度也得到了巨大发展，表现为商业伦理成为当时企业的共识，这个时代又被称为美国的“商业伦理时代”。

20世纪90年代，合规管理在司法实践中取得了独特的法律意义，1991年的《联邦量刑指南》使合规管理制度成为企业罚金刑罚减轻的事由，最高减轻幅度可达83%，并且该指南对企业是否实施了良好的合规管理制度提出了7个认定标准，其中包括：①是否制定了降低企业违法犯罪的工作规范和操作程序；②上级组织成员中有特定成员负责监督上述规范和程序，并对组织负责；③防止有违法倾向的高管取得实质裁量权；④将工作规范和程序用有效手段传递给雇员；⑤建立相关保障机制；⑥长期一致性的实施；⑦发现违法犯罪行为后对工作规范和程序进行必要的修正。《联邦量刑指南》同时将保护观察制度引入合规管理中，要求被处以保护观察处罚的企业必须定期报告其合规管理制度的实施过程和结果，特别提出对有雇员50人以上的企业有必要处以保护观察，法院以第三人专家的调查结果为依据为企业制定合规管理的事项。1992年，美国法律协会历经17年研究的《企业管治的原理》一书出版发行，为公司治理结构指明了新方向——由执行董事组成的委员会负责具体事务的实施，也为合规管理提供了框架。这本书对整个立法、司法和律师行业都产生了巨大影响。同年，《内部控制—整体框架》（*Internal Control-Integrated Framework*）报告发布。COSO① 报告是在美国金融风险加剧、财务欺诈抬头、社会各界对内部控制和独立审计师寄予厚望的“危难”时刻，由5个职业会计团体联合并潜心研究近4年的时间才诞生的。该报告完整定义了内部控制，描述了它的组

① COSO是美国反虚假财务报告委员会下属的发起人委员会（The Committee of Sponsoring Organizations the of Treadway Commission）的英文缩写。

成部分，提供了评价其内部控制系统的规则和有用材料。COSO 报告提出内部控制可被用于促进效率，减少资产损失风险，帮助保证财务报告的可靠性和对法律法规的遵从。21 世纪初的《萨班斯—奥克斯利法案》则在 COSO 报告的基础上强化了公司高管在合规上的责任，要求高管对公司对外的报告实行个人负责制，授予了美国证券交易委员会发布解职令的权力。同时，美国法院用判决确定了合规风险控制是董事会应尽的义务，如果企业因违规受处罚，则董事会存在失职行为，对此，股东可以提起股东代表之诉，追究董事的责任。这是自 20 世纪 30 年代美国企业法律基本框架建立以来最大的一次改革，这些制度和理论将美国的公司治理水平推向了更高的层次，扭转了企业违法行为失控的局面，开辟了企业治理的新路径，成为世界各国公司治理效仿的对象。

## 第二节　日本的合规治理实践发展历程

谈及日本企业的合规治理，不得不先探究日本的历史文化对其公司制度的影响。日本的公司制度发端于明治维新时期，与美国不同，日本公司不是经济自然演化的结果，而是专制主义政府培养的产物，无论是官许公司还是民间公司都与政府保持着紧密联系。1899 年《日本商法典》的颁布标志着日本公司制度的形成，日本的公司治理也由此起步。此后，日本根据经济发展的需要不断修改其公司法，汲取各国经验，推动公司治理水平迈向新的高度。

二战后，日本公司治理结构的一个典型特征就在于外部治理的内部化和治理结构的封闭性，具体表现为参与公司治理的外部主体和内部主体相互渗透、相互重合，被限定在企业集团或与之有长期交易关系的企业等特定范围内，经营者在企业中拥有极大的经营决策权和权力实施空间。而集团主义文化作为制度形成的土壤，成为贯穿日本公司治理结构发展变迁始终的核心与灵魂，这也是二战后一系列企业丑闻的文化根源。二战后，美国对日本经济进行了扫除法西斯根基的改造，在公司治理上，打破传统家族企业的封闭性，实现外部股东的引入，从二战后到 20 世纪 70 年代，日本这一阶段商法修改的最大特点是仿效美国法律引入了董事会制度。由于采用董事会中心主义，公司的主要权力集中到了董事会手中，这些权力不仅包括公司的业务执行权，也包括对其的监督权限。但是这样一来，也使董事会的监督权与原先监事会的监督权之间产生了矛盾和冲突。因此，日本政府直接取消了监事的业务监督权，仅保留了监事的财务监督权。然而，遗憾的是，在实践中，负责公司经营业务的董事及高级管理人员不断蚕食董事会的职权，董事会不仅不能进行有效的监督与检查，反而完全被执行业务董事等所控制，成为其附庸。最终，董事会也未能进行有效的监督与检查。1974 年，日本进行了对商法及商法特例法的修改。其中对公司内部监督制度方面的修改主要包括：提升监事在公司的地位，增加监事的各项权限，重新赋予监事对公司经营的监督权。日本国会于 1981 年开始了对商法的新一轮修改，要求大公司必须设置 2 名以上的监事，而且必须选出 1 名专职监事。1976 年发生在日本的洛克希德案是美国反海外腐败影响的一个缩影，该案与昭和电工事件、造船丑闻事件、里库路特事件并称日本战后四大丑闻事件。当时美国洛克希德公司以 1200 万美元的贿赂获取了全日本航空价值 4. 3 亿美元的合同，后被美国政府查出，震动日本朝野，促使日本加强了对企业不当行为的监管①。

20 世纪 90 年代初，日本泡沫经济开始走向破灭，各个行业都产生了危机，许多公司相继出现经营问题，原有的监督机制再次受到严重打击。1993 年，日本进行了新一轮的商法修改，明确了大型股份公司必须由全体

① 丹东. 洛克希德案的来龙去脉[J]. 世界知识,1983(2):28－29.

监事组成监事会，监事会拥有自行制定监察制度、决定对公司业务及财产状况进行调查的方法和其他有关监事职务执行的事项的权力，但是这些权力不能妨碍监事法定权限的行使。公司需设置1名以上的外部监事，并对外部监事的任职资格进行了规定，即外部监事在其就任前5年内，不得是该公司或该公司的子公司的董事、管理人员或者其他职员。

20世纪末，日本公司财务造假泛滥，一些公司着眼于如何提高公司经营管理的效率及透明性，要求对公司监督机制进行改革，引发了日本社会对于改革董事会方式和加强董事会经营管理的讨论。第一，强化现行制度，强化会计监督人的稽查功能，严格要求保证其独立性，延长其任期。第二，采取美国式的委员会制度，以美国大型公司董事会下设委员会的方式，设置由独立董事组成的3个监督性委员会，分别包括监察委员会、提名委员会、报酬委员会，以此来加强对公司业务执行者的监督。在日本公司内部监督的实践中，独立董事的存在和发展已有一些实例。① 根据1998年日本东京证券交易所的调查，设置独立董事的公司在全体上市公司中所占比例为35.6%。进入21世纪，日本经济进入一个停滞的阶段，20世纪90年代泡沫经济破灭后的遗留问题亟待处理，如90年代有许多企业违规将大笔资金投入证券市场和房地产市场，最终导致巨额亏空，不得不进行财务造假，隐瞒真相，随着监管的强化，这些丑闻也逐渐进入公众视野。如奥林巴斯案②，该公司直到2011年才被发现其从20世纪90年代就开始隐瞒有价证券投资产生的损失，而以收购企业之名，使用超过1000亿日元资金掩盖缺口，公司承认20年间隐瞒投资亏损高达13亿美元，成为日本历史上最大的公司财务丑闻案，甚至引发了公众对这家有着92年历史的老牌企业能否存续下去的疑问。

---

① 李治国. 董事会制度的国际比较研究[J]. 企业经济,2008(11):26－28.

② 李会. 基于内部控制角度对奥林巴斯财务舞弊事件的分析[D]. 北京:财政部财政科学研究所,2014.

2002年，日本商法改革最突出的特点是监督性委员会的设置，董事被要求建构为监察委员会履行职务所必要的内部治理体系；监察委员会负责监察内部监控体系的设置及运行情况，对公司经营的妥当性与情况进行监督，对公司的经营方针、政策进行监察，并将监督结果汇报给董事会；提名委员会有权向股东会提出关于董事选任与解任的方案；报酬委员会则负责决定公司各个董事及经理人的薪酬。该项目改革强化了董事会实施合规管理的责任。总之，这次商法改革明确了建立执行与监督分离的公司结构与合规系统。

从公司治理进一步聚焦到合规制度上，20世纪80年代，日本公司丑闻泛滥，美日双方签订《广场协议》，泡沫经济破灭，合规也因此作为重要的“药方”而被引入，但早在60年代，随着日本公司逐渐走向世界，一些大企业也建立了预防性的法务制度，企业以各种形式作出遵守法令的努力，但是日本企业更多的是在粉饰，并未给予合规实质上的重视。到了80年代末，日本企业转而以积极的态度引入合规制度。最先引入的是在出口管制领域，其标志性案件是东芝违反COCOM案，该案发生后，日本政府要求本国出口企业制定相关合规制度，避免因违反美国的贸易管制而被制裁，当年2300多家相关企业中有2200多家制定了出口管制合规制度，此后，企业被要求在向政府申请出口许可时必须提供合规制度文件作为附件。在反垄断领域，日本政府于1991年公布了两份合规制度指南手册——《有关反垄断法的合规计划入门》和《面向合规计划的反垄断法指南手册（模本）》。在公司治理领域，受到当时经济衰退的影响，政府对企业在财务经营上的丑闻态度越发强硬，企业伦理成为当时社会普遍讨论的问题，这种对企业的不信任与非难，要求企业以合规制度的形式落实下来。1996年下水道串通投标案①则标志着日本在司法上正式将合规作为量刑处罚的重要情节，涉及该案的9家企业因为在案发后采取了合规制度自我纠正而

① 史际春，杨东，戴龙，王莹．日本禁止垄断法的经验及其对中国反垄断法实施的借鉴价值和对策研究[J]．经济法学评论，2009（9）：192－296.

得到司法上的宽免。由此，合规制度作为法人的注意义务的法律地位得以确立，当然，法人要从处罚中脱身，不仅要证明自己在形式上尽到了合规所代表的注意义务，还要证明合规制度的实质有效，满足政府规定的一系列指标。到21世纪，合规被赋予了越来越多的法律意义，成为企业的必然选择。

日本在2004年10月爆出以西武铁道为首的大型上市公司虚假报告事件后，即着手引进美国SOX法案。2007年2月，日本内部控制准则由企业会计审议会发布，名称为《关于财务报告内部控制评价与审计准则以及财务报告内部控制评价与审计实施准则的制定（意见书）》，于2008年正式开始强制实施。然而，日本的集团主义文化却没有发生根本性的改变。这也就使得现有制度结构赖以存在和发挥作用的根基依然存在，日本的公司治理变革在路径依赖的作用下表现出了顽强的坚持和向新制度渗透的“惯性”趋势。

## 第三节　欧洲的合规治理实践发展历程

欧盟范围内的合规受制于欧盟机构的立法权，因此目前还没有一个统一的欧洲合规方案，但在欧盟已经立法的领域，合规也成了重要的主题。尽管没有明确合规制度可以作为减轻处罚的情节，但相关判例表明，欧盟的法庭仍将是否有合规制度作为减轻处罚的重要考量。从具体的领域看，欧盟在反垄断方面的立法有《欧洲联盟运作条约》以及相关具体规则，如前所述，它们并未明确规定合规义务，然而它们对违反不正当竞争法的企业科处高额罚款，这使得大多数企业有迫切的合规需求。20世纪90年代，欧盟曾将合规制度作为减轻情节加以考虑，但近年来欧盟改变了这一做法，正如它所认为的那样，违规行为本身就表明了不存在有效的合规制度，有批评者认为这种片面的威慑和打压无助于激发一家企业真正去建立自己的预防措施，因为即使有完善的合规制度也很难保证不出现违规情况。最后，尽管合规制度在处罚领域没有多大帮助，但欧盟也意识到了合规制度的必要性，为此制定了竞争法合规事宜手册，对企业提出忠告。小企业与大企业都受到来自欧盟严厉判罚的威胁，在这种情况下，合规成了每家企业的主题。同日本一样，欧盟范围内的企业也不得不在出口问题上采取合规措施，这些措施可能来自欧盟的决议，也可能来自本国或外国的立法，主要表现为全面或局部的禁运，虽然禁运规定本身并不含合规措施的要求，但如果没有相应的合规措施，实践中很难获得当局的出口许可。合规在金融领域则表现为不同的做法，反洗钱方面存在大量的合规规定，这些规定针对金融服务商和其他机构提出了一个全方位的义务列表，要求这些机构采取内部预防措施，按时向监管部门报告。保险法方面，对于保险公司的偿付指令规定了保险及再保险公司的合规义务，以 3 个支柱为基础，即资本要求、治理规定和报告义务。在公司治理方面，除德国以外，欧盟目前并没有统一的公司法，合规也并非规定于公司法中，但不能因此排除未来欧盟在公司治理方面会制定企业合规制度。

## 第四节　中国的合规治理实践发展历程

中国企业的合规要求与改革开放以来的依法治企进程密切相关。早在 20 世纪 80 年代，针对企业管理者的普法运动就已经展开，要求企业管理者在遵守外部法律的同时完善内部管理制度。然而，合规制度则是近年来随着中国企业的发展壮大和中国市场经济法律制度的完善才逐渐进入人们视线的，它是全球化的产物。一方面，完善的市场制度体系给企业带来了巨大的合规风险，国内市场上频现企业违规行为，如金融市场的内幕交易、欺诈，生产领域的产品责任事件，尤其是商业贿赂的泛滥，对国内市场上的中资企业与外资企业都提出了合规的迫切要求。2013 年，葛兰素史克被曝出在华行贿约 5 亿美元，导致其被中国法院处以 30 亿元人民币罚款，其中国公司众多高管获刑①。2015 年，证监法网专项行动启动，专门打击证券市场上的违法行为。2016 年，涉嫌触犯美国 FCPA 的案件有近一半涉及中国企业。另一方面，则是中国企业“走出去”的需要，作为跨国公司，必须处理好不同合规环境下的经营管理，截至 2016 年，由于招投标中的种种违规或不当行为，世界银行的项目黑名单上有将近 60 家中国企业。这些因素都推动着合规制度在中国的实践。例如，2006 年 3 月，国务院国资委起草了《中央企业全面风险管理指引》，在央企开展合规管理体系建设试点；2014 年 1 月，证监会出台了《公开发行证券的公司信息披露编报规则第 21 号——年度内部控制评价报告的一般规定》，要求上市公司建立信息披露内部控制机制；2017 年 12 月，中国国家质量监督检验检疫总局、中国国家标准化管理委员会发布了 ISO 19600《合规管理体系指南》（GB/T 35770－2017）（以下简称《合规管理体系指南》），成为中国企业开展合规管理的重要指导性文件；2018 年 11 月，国务院国资委印发了《中央企业合规管理指引（试行）》，推动中央企业全面加强合规管理，加快提升依法合规经营管理水平，着力打造法治央企，保障企业持续健康发展。合规管理由企业风控体系的组成部分上升为企业治理体系的组成部分。一些民营企业也开展了合规制度建设，其中互联网行业涌现出了许多有特色的合规制度。虽然目前还没有判例证明合规制度能作为减轻企业责任的重要量刑情节，但对于中国企业与国内市场的外国企业而言，合规显得越来越重要。

① 解铃. 企业合规性管理研究[D]. 马鞍山：安徽工业大学，2019.

# 第二章 合规相关理论问题

无论合规制度建设是否具有司法上的意义，合规制度本身已经为各国企业所推崇，企业在开展合规制度建设的同时，也产生了一些概念上的混淆，如合规管理与内部控制的关系、合规管理与风险管理的关系，对这些概念的理解看似无碍制度实践，实则影响着企业的合规制度形态。从中国的合规实践历程中不难发现，2006 年国务院国资委在央企试点合规管理体系建设的文件依据是《中央企业全面风险管理指引》，而到了 2018 年，合规管理体系在央企全面铺开的依据已经变成《中央企业合规管理指引（试行）》。这一转变反映出了政策制定者对合规管理认识的深化，为企业提供了更加精准的合规指引。因此，有必要对合规、合规管理、内部控制、全面风险管理的概念及其关系作一个说明。

## 第一节 合规、合规管理、内部控制、全面风险管理辨析

合规（Compliance），即合乎规则，但这里规则的外延却是发展的，最初的“规”指的是外部法律法规，然而随着 21 世纪以来美国 COSO 报告的发展，“规”的范围逐渐拓展到企业内部的规章、行业标准以及职业道德准则等方面。根据《中央企业合规管理指引（试行）》中的定义，合规是指中央企业及其员工的经营管理行为符合法律法规、监管规定、行业准

则和企业章程、规章制度以及国际条约、规则等要求，而违反合规的行为将使企业承担民事、行政乃至刑事责任。

正如“合规”二字的字面意思，其本身只是一个目标，为了达到这个目标，还需要合规管理。合规管理的定义随着社会对合规管理认识的深化仍在不断发展，目前，合规管理一般是指企业以内部规章的形式建立并执行合规制度，从而保证企业的经营行为符合外部规范要求，以防范合规风险。根据《中央企业合规管理指引（试行)》，合规管理的定义是指以有效防控合规风险为目的，以企业和员工经营管理行为为对象，开展包括制度制定、风险识别、合规审查、风险应对、责任追究、考核评价、合规培训等在内的有组织、有计划的管理活动。合规管理属于管理范畴，然而它是特殊的管理，因为合规管理体系的运行及其工作底稿不仅在预防合规风险上起作用，而且具有在合规事件发生后向监管部门或司法机关说明企业责任的有无或大小的功能，因此，企业的合规管理必须针对监管部门和司法机关的处理意见和裁判倾向作出相应的安排或调整，也不得不时刻关注法律界的动态，因而天然带有法律职业属性。合规管理强调结果能否实现，对实现合规的过程却关注不够，因此需要内部控制。

1949 年，美国注册会计师协会首次对内部控制作出定义，即内部控制是指企业所制定的旨在保护资产、会计资料的可靠及准确性，提高经营效率，推动管理层所制定的各项政策得以贯彻执行的组织计划和相互配套的各种方法及措施。此后，随着美国经济形势的变化，内部控制的定义也不断被完善，最终 1994 年 COSO 报告《内部控制—整合框架》作出了现在广泛采用的定义，即内部控制是指由企业的董事会、高级管理层和其他员工共同实施的，旨在为企业实现有效率的经营目标、可靠的财务报告目标，遵循良好的合规目标提供合理保证的一种过程。因此，与其说内部控制是管理的一个基本类型，不如说是旨在实现特定目标的管理的一系列方法措施更为恰当。比起合规管理，内部控制注重过程，能够持续评价和改进合规管理制度，并在此基础上发展出一整套完善的工具和方法。自COSO报告出台之日起，合规管理与内部控制便不可逆地结合在一起，合规管理离不开内部控制。因此，在本书中，笔者有时为强调内部控制作为合规管理的方法支撑的属性而使用合规内控的概念，合规内控是合规管理的一个认识维度。

21 世纪以来，美国 COSO 在内部控制框架理论的基础上提出了企业全面风险管理这一概念，指出企业全面风险管理是建立在内部控制框架基础上对企业风险管理内容的更加广泛而深入的关注。从风险管理的角度看，合规管理和内部控制都是全面风险管理的组成部分，任何可能妨碍企业实现其目标的因素都属于风险的范畴，而在合规风险之外还存在许多其他类型的风险，如战略风险、市场风险、汇率波动风险等，但是我们也要看到，随着我们对风险认识的深入，其他风险转化为合规风险成为可能，如财务风险越来越多地表现为合规风险。研究全面风险管理的学者将合规管理作为全面风险管理的核心，所有的风险管理目标随着法治的高度繁荣和拓展表现为达到合规。但如何建立合规、风险、内控一体化的管理平台，如何将合规管理融入企业业务及经营，各相关部门如何分工合作、协调融合等，仍是一个长期而复杂的课题。

## 第二节 非合规风险转化为合规风险

1931 年，美国管理协会保险部最先提出了风险管理这一概念，此后，风险的概念不断丰富，广义地说，凡是可能对企业造成不利影响的因素都是风险。合规风险是指由于违反法律法规以及监管要求等相关规定而导致的风险，如对外提供财务报告或披露敏感信息、重大交易信息未能遵循相关法律规定，影响公司声誉甚至被监管处罚。合规风险是相对于合规义务而言的，合规风险不一定能为企业及时掌握，合规义务要求过高时，企业是否能完全履行是不确定的。除了合规风险，随着COSO报告对内部控制理论的完善，越来越多的风险被揭示出来，并提供了相应的应对措施，即建立相应的内部制度，曾经被认为无法操作的风险也有了对应的预防控制机制。合规义务的数量决定了合规风险的数量，合规规范由外部法律向内部规章、职业道德扩展，合规义务也大大增加，战略风险、财务风险、市场风险、运营风险、投资风险、人力资源风险、质量管理风险和侵权风险在2016年COSO风险管理整合框架的五项要素23项原则的基础上也转化成合规风险，因此，内部控制极大地促进了合规的发展。以战略风险为例，战略风险是指由于战略制定和实施的流程无效、低效或不充分而影响企业战略目标实现的风险，其中包括：①缺乏明确的发展战略或发展战略实施不到位，可能导致企业盲目发展，难以形成竞争优势，丧失发展机遇和动力。②发展战略过于激进，脱离企业实际能力或偏离主业，可能导致企业过度扩张，甚至经营失败。③发展战略因主观原因频繁变动，可能导致资源浪费，甚至危及企业的生存和持续发展。但在内部控制框架的基础上，通过风险治理与文化、风险战略和目标设定、风险执行、风险信息的沟通和报告、全面风险管理绩效监控5项基本要素，将战略风险纳入制度范畴加以管理，建立了战略的制定和执行程序、规划、主管部门和监督机制，规则之治带来的确定性大大提升了风险管理的有效性。

## 第三节　合规管理不只是预防合规风险

每一部法律的出台都含有适用对象一定知晓其内容的假设，然而实际情况却并非如此，适用对象不一定知晓卷帙浩繁的法律文件发生了什么变化，又有哪些需要自己去了解和学习的内容。企业的合规部门就承担了这一义务，合规部门需要时刻关注立法司法的动向，每当法律发生修改变动，合规部门都要及时将这一变动进行整理、分析，并传递给企业的管理层及相关业务部门。因此，一个有效的合规体系往往能够保证企业的管理者了解相关法律动向，并作出合适的反应。我们发现，合规实践也导致了利益趋同，对于公司管理者而言，他们往往要和单位一同承担不利的法律责任，如监禁与罚款，这无疑使他们有很强的驱动力去建立合规制度，哪怕是在合规未能取得量刑处罚意义的国家，员工的违法行为给公司和管理者带来的巨大风险已经足够使他们采取合规措施。而从经济上衡量，采取合规措施附加的成本如建立合规部门、配置合规官、进行员工培训和内部调查等的成本，与公司面临的巨额罚款相比也是划算的，并且合规体系的建立也扩大了管理层的权力，因此，管理层在经济上有实施合规制度的动力。政府也能从企业合规制度建设中获得收益，正如前文提到的，合规使公司能够满足法律适用对象知晓法律内容的假设，仅这一点就足够政府去推动企业合规建设，甚至对建立有效合规体系的企业释放更多利益，如减免处罚。因此，在美国、欧洲、日本，合规市场呈现出爆炸性的增长不足为奇。目前，美国的大型律师事务所都有建立合规体系的业务，美国联邦最高法院甚至在判决书的附带意见中指出，律师事务所在合规业务上是公司的保证人。此外，会计师事务所也提供了作为合规业务的审计产品。目前市场上提供合规业务的人员有律师（包括刑事、反垄断、税务、公司法、劳动法、贸易、知识产权等领域）、会计师和咨询服务人员等。

除了经济利益和法律利益，合规对于社会治理模式的发展也具有创造性的意义。任何法律都是不完整的、滞后的，近代以来，立法机关为了应对飞速发展的社会而将立法权委托给行政机关，造成了“行政权力爆炸”，然而现有事实表明，行政立法也无法赶上经济社会发展的速度，而企业内部合规责任及其制度体系的建立弥补了这一空缺。国外合规发展的实践表明，企业的合规部门与法院、立法者、行政部门不断进行协商，解决了法律不完备的问题，这种实践带有很强的契约化治理的隐喻。这种协商治理强调监管应该更加团结合作，少一些权威，同时认为各方利益集团更多地参与治理过程将会促进更有效的监管制度产生。这一过程可以分为四个阶段：第一阶段是不完备的法律政策被制定出来，受制于立法者认识的有限性与行业隔阂的加深，为了弥补这方面的不完备，我们不得不制定新的法律，而这会导致一个问题，即新法制定前的机会主义行为，因此，要成功地实施法律就必须保证事后商议的有效性，防止有人侵吞事后收益。第二阶段则是新的法律开始填补空白，然而如前所述，法律并没有系统性的机制来保障被监管者知晓他们的法律，晦涩繁杂的法律只有那些有能力并愿意看的人才会去看，如企业的合规官，他们能够使用法律知识来填补不完整的法律空白以增进合规行业的福利，一般通过提供咨询、发表期刊文章、向法院和监管陈述意见等方式进行。一旦他们就法律空白最合适的解释达成了共识，这些法律解释就会迅速普及和制度化，这就是第三阶段。第四阶段，也是最后一个阶段，当某种填补法律空白的共识出现、普及并制度化后，立法机关和法院就要确定这种解释是否符合上位法以及法律的基本原则、是否合乎立法者的初始目的。理论上，法院和立法者可能会出于维护自身权威的目的拒绝这些共识，然而自己作出解释时立法会面临时间、专业知识、预算的限制，因而法院和立法者更可能选择使用这种共识，尤其是法院，它不可能主动就个案制定整个行业的标准。因此，共识会形成行业标准，最顶层的企业、最有抱负的企业永远不会放弃参与标准的制定。

综上所述，合规制度并非只是企业用来减免自身责任的机制，也是企业参与协商治理模式的重要渠道。

## 第四节　中小企业也需要合规管理

时常有人对小企业是否可以豁免合规产生疑问，这个问题无异于问监管部门小企业能否豁免处罚，答案不言而喻。就企业的违法行为而言，企业的规模大小不是处罚轻重的考量情节，同样的违法行为、同样的后果，大企业和小企业面临的处罚是一致的。因此，小企业也需要合规。

从那些规定了合规义务的法规来看，被监管的企业必须建立合规制度、采取合规措施，无论是大企业还是小企业。如出口管制，在日本，凡是涉及出口管制的企业必须提交出口管制合规报告，否则无法取得出口许可或资格，因此，小企业也无法豁免。从合规的成本收益衡量，我们承认，成本和收益是制约合规体系建设的重要因素。建立合规部门、配置合规官、进行员工培训和内部调查等合规措施意味着成本的上升，宣称小企业无须建立合规体系的观点认为，小企业不仅承受不起违法时的巨额罚款，而且可能也同样承受不起建立一个独立的合规部门、实施相应合规措施的成本。这里似乎只有一个选择，即放弃合规措施，而寄托于命运女神的眷顾。然而这种想法隐含了错误的预设，即小企业必须采取和大企业同等的合规措施。回顾美国合规制度的发展历程，现有的合规措施大部分直接或间接来自监管机构和量刑指南的规定，目的是保证符合减免处罚的要求——存在有效的合规制度。小企业的合规措施需要符合这些规定，但这些规定并没有对合规官的人数、专职、培训频率给出具体的标准，小企业可以根据自身情况来设置合规部门和合规专员来开展合规工作，以降低成本。对于大企业而言，其机构庞大、人员众多、业务繁杂、管理难度大，为了保证合规体系的有效性，自然要付出比小企业更高的成本。此外，美国最高法院的司法判决也承认了律师的合规保证人地位，给小企业提供了一个获取合规帮助的途径，就像外包的会计服务那样，能够降低合规成本。

如今，合规已经成为企业发展无法回避的问题，其如同会计制度那样作为企业的必需品而存在，讨论小企业是否需要合规是没有意义的，我们需要讨论的是小企业如何在降低合规成本的同时满足法律规定的有效性。

## 第五节　合规与创新发展是一对矛盾吗

创新需要宽松的环境，合规意味着严格的监管环境，二者看似矛盾，然而后者却决定了前者的成败。我们尝试以互联网金融的发展为例，说明合规与创新的真正关系。

2013 年被称为“互联网金融元年”，在此之前，网上银行、电子支付、P2P 网贷已经出现，但这一年中很多企业涌入了互联网金融这片监管尚未完善的领域。出于鼓励创新的目的，政府为第三方支付、P2P 网贷、互联网众筹提供了宽松的准入和监管环境，信托、券商、基金等金融组织纷纷布局互联网金融。2014 年，互联网金融发展呈井喷之势，互联网金融初次登上了政府工作报告，报告中指出要“促进互联网金融健康展开，完善金融监管和谐机制”，政府鼓励互联网金融创新发展的目的非常明显。互联网巨子们纷纷推出互联网理财服务：微信推出红包业务；百度钱包上线；小米出资积木盒子，正式进军 P2P 领域。互联网众筹也于这一年起步，2015 年的政府工作报告鼓励大众创业，推动互联网金融快速发展。但在互联网金融快速发展的同时，风险也不断集聚，以网贷平台为例，2015 年 6 月，已有网贷问题平台的数量首超新增平台数量，风险初露端倪。而政府对互联网金融的监管相对滞后，最终出现了 P2P 集体“爆雷”现象，以及跑路、裸贷等恶性事件，引起社会广泛关注，如总成交量超过 740 亿元的“e 租宝”因涉嫌非法吸收公众存款等问题被立案调查。

当年的互联网金融危机促使互联网金融监管进行了重大调整。监管机构相继出台规范措施，2015 年 7 月，中国人民银行等十部门发布《关于促进互联网金融健康发展的指导意见》，界定了互联网金融的概念，确立了互联网支付、互联网借贷、股权众筹融资、互联网基金等业务及监管责任分工，明确了互联网金融要恪守“依法监管、适度监管、分类监管、协同监管、创新监管”的准则。2015 年 12 月，中国人民银行发布了《非银行支付机构网络支付业务管理办法》，对账户进行三类分类监管，原银监会联合工业和信息化部、公安部、国家互联网信息办公室起草了《网络借贷信息中介机构业务活动管理暂行办法（征求意见稿）》。2016 年 4 月，教育部和原银监会联合发布了《关于加强校园不良网络借贷风险防范和教育引导》，要求加强不良网络借贷监管，加强学生消费观教育，推进金融、网络安全常识普及。同年 7 月，国家工商总局审议通过《互联网广告管理暂行办法》。2016 年 10 月是互联网金融监管文件出台最密集的月份，中国人民银行、原银监会、原证监会、原保监会联合其他部门各自印发互联网金融的监管整治计划，如《互联网金融风险专项整治工作实施方案》《P2P 网络借贷风险专项整治工作实施方案》《通过互联网开展资产管理及跨界从事金融业务风险专项整治工作实施方案》《网络借贷信息中介机构备案登记管理指引》等。

但互联网金融企业的违规经营积重难返，整治已经无法挽回公众对互联网金融的信心，许多企业因为监管的加强或主动退出市场，或提前爆发危机。互联网金融领域的维权事件也多次占据社交媒体的头条，威胁着社会秩序。2018 年冬天，北京警方以涉嫌非法吸收公众存款对 P2P 平台开展了专项行动，2019 年 9 月 4 日，互联网金融风险专项整治工作领导小组、网贷风险专项整治工作领导小组联合发布《关于加强 P2P 网贷领域征信体系建设的通知》。截至 2020 年 11 月中旬，全国实际运营的 P2P 网贷机构完全归零。互联网金融无法重现昔日的繁荣景象。

创新意味着不确定性，这种不确定性的背后是巨大的刑事风险，一些互联网金融的经营者曾对向他们发出刑事风险警告的律师保证，只要不出现大规模群体性事件就不会有问题，然而结局再一次证明了兜底罪名和刑事责任是政府在规则不健全情况下的常用选择。创新离不开合规，如果存在规则空白，就需要合规部门发挥作用，解释法律确定标准，特别是解释刑法。政府因为对互联网金融认识不深以及出于鼓励创新的目的并没有及时出台完善的监管规则，企业却以为可以为所欲为，未能完成合规目标、引领规则的制定，最终留给我们的是一片狼藉。

# 第三章　企业如何实现合规管理——总论

## 第一节　合规管理制度建设的规范渊源

国际合规监管日趋严格，美国、英国、法国、联合国、经济合作与发展组织、世界经济论坛、国际商会、世界银行等国家及组织密集出台了诚信合规等方面的法规及指引，中国也对这股世界潮流有所回应。

早在2006年，原银监会就颁布了《商业银行合规风险管理指引》。2007年，原保监会颁布了《保险公司合规管理指引》。中央企业的合规管理率先在金融行业开展、发展和成熟，并积累了丰富的经验。2016年3月，国务院国资委起草了《中央企业全面风险管理指引》，在中石油、中国移动、招商局、东方电气、中国铁工5家央企开展合规管理体系建设试点。2017年12月，中国国家质量监督检验检疫总局、中国国家标准化管理委员会发布了ISO 19600《合规管理体系指南》（GB/T 35770—2017）（以下简称《合规管理体系指南》），成为中国企业开展合规管理的重要指导性文件。2018年11月，国务院国资委印发《中央企业合规管理指引（试行）》，要求中央企业应当按照全面覆盖、强化责任、协同联动、客观独立的原则，加快建立健全合规管理体系，为企业开展合规体系建设和相关工作提供了政策指导。同年12月，由于一部分中国跨国企业在海外遭遇重罚，暴露了严重的合规问题，国家发展改革委、外交部、商务部、人民银行、国务院国资委、外汇局、全国工商联共同制定了《企业境外经营合规管理指引》，要求企业合规管理应从制度设计、机构设置、岗位安排以及汇报路径等方面保证独立性，合规管理部门及人员承担的其他职责不应与合规职责产生利益冲突。这一要求紧扣部分公司在2018年的危机中暴露出来的合规部门权限低、不能及时上报的问题，反映了中国政府对企业合规紧迫性认识的深化。同一时期，内部控制制度的建设也随之展开，为合规建设提供了有力支持。自2008年起，财政部会同证监会、审计署、原银监会、原保监会先后制定了《企业内部控制基本规范》《企业内部控制应用指引》，在上市公司范围内施行，鼓励非上市的大中型企业执行。执行规范的上市公司应当对本公司内部控制的有效性进行自我评价，披露年度自我评价报告。以上这些文件中，虽然只有部分对企业提出了强制性的合规要求，如《商业银行合规风险管理指引》《中央企业合规管理指引（试行）》，要求适用范围内的企业必须建立合规体系，但无法掩盖合规正逐渐成为企业强制要求的趋势。这些合规指引的内容与国际接轨，参考了英国、美国、日本等国的合规制度，吸收了合规发展的最新成果。但是对于合规管理制度没有给出具体标准，为企业留下了裁量的空间。合规制度的发展历程表明，合规制度作为企业与监管、司法部门协商治理的结果，其标准为了适应参与协商主体的多元性，必然要留下裁量空间。

## 第二节　合规管理的原则

### 一、全面合规原则

《中央企业合规管理指引（试行）》（以下简称《指引》）运用了企业大合规的理念来指导和规范企业合规管理。《指引》第四条第一款将全面性原则确立为企业合规管理的第一大原则，要求合规管理覆盖企业各业务领域、各部门、各级子企业和全体员工，贯穿决策、执行、监督等各个环节。强调建立全面合规管理体系，对合规管理体系的各构成要素进行了全面规定，包括合规组织，合规制度，合规风险管理，合规审查，合规评审，合规考核评价，合规培训，违规举报、调查和问责，合规报告，合规管理信息系统，企业合规文化，重点合规领域等。

### 二、责任性原则

责任性原则要求把加强合规管理作为企业主要负责人履行推进法治建设第一责任人责任的重要内容；建立全员合规责任制，明确管理人员和各岗位员工的合规责任并督促有效落实。

《指引》强调了业务部门作为合规的责任主体及合规风险防范第一道防线的地位和作用。其第十一条规定，业务部门负责本领域的日常合规管理工作，按照合规要求完善业务管理制度和流程，主动开展合规风险识别和隐患排查，发布合规预警，组织合规审查，及时向合规管理牵头部门通报风险事项，妥善应对合规风险事件，做好本领域合规培训和商业伙伴合规调查等工作，组织或配合进行违规问题调查并及时整改。《指引》第二章则明确了各层级管理部门在合规管理中的管理职责。其要求中央企业建立健全合规管理“三道防线”，即业务部门是防范合规风险的第一道防线，业务人员及其负责人应当承担首要合规责任；合规管理牵头部门是防控合规风险的第二道防线，同时也是合规管理体系建设和实施的责任单位；内部审计和纪检监察部门是防控合规风险的第三道防线，监督、评价公司整体风险防控措施的有效性。合规管理牵头部门既具有组织、协调和监督的职能，对于一些重要的合规事项也应当有直接参与和执行的责任，如合规培训、合规举报的调查等。

## 三、协同性原则与制衡性原则

协同性原则，要求合规管理与监察、审计、其他风险管理等工作相统筹，相衔接，确保合规管理体系有效运行。在“协同联动”这一原则下，《指引》强调“风险导向”的各类职能的协同联动，尤其是法律、合规、内控、风险管理职能，着力解决两类问题：“风险导向”职能的资源分散，无法达到力出一孔；各类风险信息沟通不畅，无法协同实施风险应对。制衡性原则是从内部控制角度出发，要求企业合规内控体系应当在企业治理结构、机构设置及权责分配、业务流程等方面相互制约，相互监督，同时兼顾运营效率。强调协调，但不能沆瀣一气；强调制衡，但不能互相羁绊。既相互协调又相互制约，从而保证合规风险识别、合规措施实施的客观可靠。

## 四、客观、独立、公开原则

客观、独立、公开原则要求严格依照法律法规等规定对企业和员工行为进行客观评价和处理，合规管理牵头部门独立履行职责，不受其他部门和人员的干涉。鉴于监察、审计的职能定位，宜保持其相对独立性，并与上述具有“风险导向性”的职能合理衔接。“风险导向”职能的两条生命线分别是专业和独立，合规职能亦不例外，即应当符合客观、独立原则，在权限赋予、汇报路线、人员任命及考核方面按照独立性原则进行设置。合规管理制度的制定与合规处罚的作出都应该向内部公开，保证员工能够及时获取相关内容。

## 五、成本效益原则

企业合规管理体系应当权衡实施成本与预期效益，以适当的成本实现有效控制。

控制实施成本要求合规管理应当与企业经营规模、业务范围、竞争状况和风险水平等相适应，并随着情况的变化及时加以调整。确定预期效益则要求企业关注重要经济活动和经济活动的重大合规风险。

### 六、重要性原则

处理问题如果不能抓住重点，就会导致效率低下等问题，为此，合规管理工作必须在兼顾全面的基础上抓住关键所在，《指引》第十二条要求中央企业应当根据外部环境变化，结合自身实际，在全面推进合规管理的基础上，突出重点领域、重点环节和重点人员，切实防范合规风险。《企业内部控制基本规范》第四条也要求企业在建立与实施内部控制时，应当遵循重要性原则。花费过多时间在细微的业务合规上而忽略了重要事项的合规，如招投标、资产交易，本身就意味着合规管理体系的无效。

## 第三节 合规管理的主体及责任

根据《指引》第三条至第十一条的规定，合规管理的相关主体有监管部门如国务院国有资产监督管理委员会、董事会、监事会，以及合规部门包括合规管理委员会、法律事务机构或合规机构、业务部门等，它们以有效防控合规风险为目的，以企业和员工经营管理行为为对象，开展包括制度制定、风险识别、合规审查、风险应对、责任追究、考核评价、合规培训等在内的有组织、有计划的管理活动。

管理部门与最高管理者的积极参与和监督是有效合规管理体系不可分割的组成部分，这有助于确保员工充分理解组织的方针和运行程序，以及更好地将其运用在他们的工作中，并确保他们有效地履行合规义务。

### 一、最高管理者

最高管理者在企业中拥有授权和提供资源的权力，可以左右合规管理体系的形态，如董事长或董事会。

1. 董事会的合规管理职责

董事会的合规管理职责主要包括以下几个方面。

（1）批准企业合规管理战略规划、基本制度和年度报告，调整企业的合规承诺，使其与企业的价值观、目标和战略相一致，以便恰当定位合规，并宣传合规承诺，建立合规意识，激励员工接受合规管理体系。

（2）完善合规管理体系。在文化培训层面，应鼓励所有员工充分认识到实现他们所负责的合规目标的重要性。为此，董事会要创造一个鼓励员工报告不合规问题及有利于合规绩效持续改进的建议并且报告的员工不会因此受到报复的环境，确保合规已融入更广泛地建立或改造企业文化的计划中。

（3）根据监事会等部门的建议，决定合规管理负责人的任免事项。

（4）决定合规管理牵头部门的设置和职能，即设立合规部门或由法务部门来牵头。

（5）研究决定合规管理有关重大事项。及时识别不合规情况并采取措施解决不合规问题，确保企业的合规政策、流程控制是支持和鼓励合规的，以及企业经营管理的目标和指标不会阻碍合规行为的实施。

（6）按照权限决定有关违规人员的处理事项。

2. 监事会的合规管理职责

监事会的合规管理职责主要包括以下几个方面。

（1）充分发挥监事会的监督职能，监督董事会的决策与流程是否合规，以及董事和高级管理人员的合规管理职责履行情况。

（2）对于对重大合规风险事件负有主要责任的董事、高级管理人员，向董事会或股东会提出罢免建议，向董事会提出撤换公司合规管理负责人的建议，由董事会决定其任免事项。

## 二、管理部门

管理部门是指对企业进行管理、设定方向，并对最高管理者负责的一个人或一组人，如总经理等高级管理人员、合规部门等。

1. 经理层的合规职责

经理层的合规职责主要包括以下几个方面。

（1）根据董事会的决定，建立健全合规管理组织架构。

（2）批准合规管理具体制度规定。

（3）批准合规管理计划，采取措施确保合规制度得到有效执行。例如，与合规部门合作并支持合规部门，鼓励员工这样做，同时自己也遵守合规政策、流程并应当向外界展示这一形象；参加和支持合规培训活动，促使员工满足培训和能力要求；与合规部门协力，配合纠正措施的实施；鼓励员工提出其所关注到的合规问题及建议。

（4）明确合规管理流程，确保合规要求融入业务领域。经理层应积极承担合规职责，将合规义务纳入他们职责范围内的现有业务实践和程序中，并鼓励、指导、辅导和监督员工采取合规行为，从而增强员工履行合规义务的意识；协助将合规职责列入相应职务描述并将合规绩效纳入员工绩效考核，并与员工工资、职位挂钩。

（5）及时制止并纠正不合规的经营行为，按照权限对违规人员进行责任追究或提出处理建议。经理层在经营管理中要及时识别和沟通合规风险，积极参与合规相关事件和问题的管理和解决，对于重要的业务事项，如外包业务，则要持续监督，确保承包人合规。

总之，要使合规管理体系有效运行，管理部门和最高管理者需要通过坚持积极地支持合规和合规管理体系来以身作则。

2. 管理部门的合规职责

有些合规职责是由最高管理者和管理部门共同承担的，如以下几个方面。

（1）根据建立的企业合规政策，确保维护企业的合规承诺，妥善处理不合规问题。

（2）将合规职责列入职位描述，管理层在分配合规管理职责时，还应当考虑接受职责一方是否具有诚信和信守合规的品质、有效的沟通和施加影响的能力、推动其建议和指导被接受的能力和坚定立场以及相关工作能力。

（3）组建合规部门。合规部门应具有设计合规管理体系并保持其一致性和完整性的权限和职责，有权直接接触管理部门和最高管理者并获得来自他们的清晰和明确的支持。有权接触高级决策制定者并有机会在决策制定过程初期提出意见和建议，接触企业的各个层面、执行合规任务所需的所有文件信息和数据，以及关于相关法律法规、准则和组织标准的专家建议。此外，合规部门还应具有通过指出在相关决策过程中所有合规方面的后果，实施制衡权力举措的权限和能力。

（4）保证合规部门的相对独立地位，不会向有不合规行为的上一级妥协。在合规已融入企业业务的情况下，最高管理者应该分配充足、适当的资源，以建立、制定、实施、评价、维护和改进合规管理体系及绩效成果，分配和传达相关角色的职责和权限，建立高效、及时的报告系统，支持合规绩效考核的开展，分配报告合规管理体系绩效的职责。

## 三、员工

员工是指国家法律或实践认可的雇佣关系中受雇的个人。

包括管理者在内的所有员工的职责有：坚持履行与其职位和职务有关的组织合规义务，按照合规管理体系要求参与培训，使用可获得的合规管理体系的合规资源，报告合规疑虑、问题、建议，这些报告是合规部门开展工作的重要线索来源。

## 四、合规部门

合规部门，即负责合规管理工作的一个人或一组人，有些企业由跨职能的合规委员会协调整个合规工作。有些企业虽然规模有限，但也有部门或人员全面负责合规管理工作，如兼职或外包，包括现有委员会、内设部门兼领合规职责，或把部分合规工作外包给律师。但这些方式并没有免除管理层的合规职责。

根据《合规管理体系指南》，合规部门的职责包括在相关资源的支持下开展工作，识别企业营业地的合规义务及其变动情况，正确理解法律法规和监管规定的要求和精神实质；评估它们带给企业的合规风险的后果和发生可能性，不断将合规义务转化为可执行的政策、程序，融入现有的合规流程控制中，为管理层提供合规建议。

合规部门应当根据以上工作底稿，制订实施合规风险应对计划，如合规性测试调查、合规培训，制定合规政策及向董事会等高层提供合规报告。具体而言，合规部门提供和组织持续的员工合规培训，要确保新员工、管理层、业务部门得到定期培训，建立合规绩效指标，协助将合规职责列入他们的职务描述和绩效管理过程，监视和测量合规绩效、分析绩效，从而确定要进一步采取的合规措施。

合规部门编制合规报告和工作底稿，进行过程信息管理，即整理通过热线、举报系统和其他机制进行的投诉和反馈，并确保按计划定期对合规管理体系进行评审，为合规管理体系的建立、实施和维护提供专业建议，包括使员工可以得到与合规相关的程序和参考资料的资源，就合规相关事宜向企业提供客观建议。此外，与监管部门的日常工作联系也是包括合规义务在内的合规信息的重要获取来源，因此，要重视监管部门的要求和意见。

### 五、业务伙伴

1. 对业务伙伴进行合规管理的必要性

合规管理的相关主体不仅包括合规管理工作实施者、对企业施加合规要求的监管机构，还包括业务伙伴（Business partner），一般是指客户、供应商、承包商、经销商，以及广告公司、咨询公司和其他第三方等企业因日常经营需要而与之发生业务合作关系的实体。这种业务关系往往是稳定而互相信赖的。对于企业，尤其是全球性跨国公司而言，需要保证业务伙伴能按照企业统一的质量、安全、诚信、合规标准来运营，许多案例证明，业务伙伴的不合规行为往往也会对企业造成不良影响。例如，肯德基因为其鸡饲料的巴西供应商破坏亚马逊丛林而被绿色组织声讨；苹果公司则因为它的代工伙伴富士康在中国的血汗工厂丑闻而声誉受损；2013 年的葛兰素史克腐败案中，葛兰素史克通过其业务伙伴行贿以避开公司内部流程和监管；2014 年上海福喜食品案中，该公司将过期肉类原料重新加工后供应麦当劳、肯德基等企业，导致麦当劳、肯德基当年的销售业绩下滑。对业务伙伴的合规管理固然会增加企业的成本，但考虑到因业务伙伴的不合规而给自己带来的损失，对业务伙伴进行合规管理是有必要的。

此外，一家美国公司通过对业务伙伴的合规管理评估，淘汰了近 2/3 的分销商，实现了 17% 的利润率。这证明了对业务伙伴的合规管理产生的收益是可观的。

2. 业务伙伴的合规风险

不同类型业务伙伴的合规风险也不尽相同。一般有以下几种类型。

（1）中介机构，如咨询机构，常见的合规风险是商业贿赂及利益输送，由于难以实时监控，企业内部人员常常通过中介机构向有关部门和企业行贿。

（2）供应商常见的合规风险是商业贿赂，如在招投标中行贿，与内部人串通销售价高质次的产品。

（3）经销商常见的合规问题是垄断行为，如限制下游价格，虚报损耗、销售量等。

要识别业务伙伴的合规风险，应当在建立合作关系时进行尽职调查，其内容是查询业务伙伴的合规诚信度，包括但不限于：调查企业及实际控制人的社会信用情况、曾受的处罚、相关诉讼仲裁情况；查询业务伙伴的业务资质，包括营业资格、注册地、成立时间、注册及实缴资本、相关从业许可、近三年或五年财务状况等。如果业务伙伴存在高合规风险，则企业应当审慎考虑是否与业务伙伴进一步开展业务以及针对已开展业务制订风险应对方案。

## 第四节　合规管理的对象

合规管理的对象是指企业与员工的经营管理行为，我们可以以8种权力为着力点，概括这些经营管理行为：市场客服与销售、审核、人事管理、采购、放行权、计量权、财务资金、拥有关键信息。市场客服与销售包括向客户宣传产品等相关信息、签订销售合同、售后服务等客服与销售行为；审核包括决策、审批、审核、监督等行为；人事管理包括雇佣、任免、考核、奖惩等行为；采购包括一般采购，招标，选择供应商、分包商，签订合同等与采购相关的行为；放行权包括质量验收、许可、审核等行为；计量权包括工作计量、物资计量，如采购结算等行为；财务资金包括收付款、费用开支报销、会计记录、财务报告等行为；拥有关键信息包括获取、创建、知晓掌握关键信息的行为。

## 第五节　合规的义务

除了合规、内控的相关规定指引会施加合规内控义务外，一些法律法规、司法判决也会要求企业实施合规制度，因此，企业需要识别合规的义务来源。

根据《合规管理体系指南》，企业应当系统识别其合规义务及这些合规义务对企业、产品和服务的影响，并在建立、制定、实施、评价、维护和改进合规管理体系时，考虑这些合规义务。识别出合规义务以后，企业应当以适合其规模、复杂性、结构和运行的方式将其记录下来。合规义务的来源可能包括来自法律文件的合规要求及自愿的合规承诺。

对企业施加合规义务的渊源包括：法律和法规，许可、执照或其他形式的授权，监管机构发布的命令、条例或指南，法院判决或行政决定，条约、惯例和协议。

此外，企业有时也会作出合规承诺，包括：与社会团体或非政府组织签订的协议；与公共权力机构和客户签订的协议；某些组织的要求，如方针和程序；自愿原则或规程；自愿性标志或环境承诺；与某些组织签署合同产生的义务；相关组织和产业设定的标准。企业已经作出承诺了，就应该做到，否则会面临失去诚信、客户和市场，给企业带来经营损失并损害企业美誉度，进入信任危机等风险。但是也要知道：如果企业向社会、客户、其他相关方主动承诺得太少，而其竞争对手承诺得更多、做得更好，企业就可能会失去市场和客户。

在识别并记录企业的合规义务以后，企业还需要定期开展维护，即确立适当的过程，识别新的和变更的法律、法规、准则和其他合规义务，以确保持续合规。并且企业还需要评价已识别的变更和任何变更的实施对合规义务管理的影响。

获取关于法律和其他合规义务变更信息的渠道包括：加入相关监管部门的收件人名单，接收监管来函；成为某些专业团体的会员；订阅相关信息服务；参加行业论坛和研讨会；关注监管部门网站；定期或不定期地与监管部门会面沟通；与企业自己的法律顾问洽商；关注法院的相关判决等。

# 第四章　企业如何实现合规管理

——管理合规风险

## 第一节　合规风险的识别

识别合规风险环境以及合规风险是合规管理部门的责任，由于合规风险环境的复杂性、范围的广泛性，而且涉及不同业务领域，单凭合规管理部门无法完成此项工作，因而需要业务部门的参与，尤其是需要来自不同业务背景的专业人员，如金融、技术等业务人员的参与。

### 一、识别合规风险环境

企业应当联系自身生产经营、产品服务等相关方面的情况，认识合规风险所处的环境，进而识别可能发生不合规的场景。合规风险环境分为外部合规风险环境和内部合规风险环境。

外部合规风险环境是指与企业合规风险管理相关的政治、经济、文化、法律等各种相关信息。具体包括以下几个方面。

（1）本行业业务模式及特点。例如，金融行业监管严密，企业合规义务较多，合规风险复杂。

（2）国内外与本企业相关的政治、经济、文化、技术以及自然环境。对于跨国企业而言，其应当关注国内外政治经济形势的变化，准确预估合规风险，如两国外交关系的恶化往往会导致一国企业受到东道国的严密监管，如营业场所的消防检查，是否违反出口管制，是否涉嫌倾销、不正当竞争的调查。

（3）立法、司法、执法和守法情况。不同国家的法治发展程度不同，市场规则完备程度也不同。对于成熟市场经济国家，如美国和欧洲，其立法复杂而完备，重视对个人权利的保护，如个人信息数据保护法，企业面临的合规义务较多。同时，这些国家或地区执法严格，常见高额处罚或惩罚性赔偿的判决，企业的合规风险极高。

（4）监管体制、机构、政策以及执行等情况。不同国家对同一业务领域的监管体制和政策也是不同的，以证券市场上的信息披露为例，美国实行严格的信息披露规则，不同企业适用不同的信息披露规则，违反信息披露规则的，不仅将承担高额罚金，而且允许律师事务所发起集体诉讼或股东代表诉讼，要求公司或董事会成员承担民事赔偿责任。中国多家在美上市企业如新东方、阿里巴巴，都因为信息披露问题遭遇过集体诉讼，付出了高昂代价。

（5）市场竞争情况。

（6）本企业在产业链中的定位及与其他主体之间的关系。

（7）企业主要的外部利益相关方及其遵从法律、合同、道德操守等的情况。一些跨国企业在东道国可能遇到合作企业要求提供商业回扣或礼物宴请等情况，这可能导致企业违规，甚至涉嫌商业贿赂。

内部合规风险环境，即与企业合规风险及其管理相关的各种信息，包括合规风险和合规风险管理的历史及现状。具体包括以下几个方面。

（1）企业的战略目标。

（2）企业的盈利模式、业务模式。企业的盈利模式、业务模式可能会导致企业面临高合规风险，对于一些过多依赖广告业务盈利的互联网公司而言，随着 2018 年修正的广告法的颁布，其合规风险急剧上升，如“今日头条”就因广告违法多次遭受处罚。

（3）主要经营管理流程、部门职能分工等相关信息。企业内部的业务流程及权责分工的混乱则可能会导致企业即使识别出合规风险也无力规避。

（4）合规风险管理方面的使命愿景和价值理念。企业如果轻视合规，没有从企业文化价值观的角度去确立合规信仰，那么合规制度只会是无源之水。

（5）合规风险管理工作的目标、职责、相关制度和资源配置情况。合规部门是否拥有充分的资源保障，如合格的人员、资金支持等，会影响其工作的有效性。

（6）合规事务工作及合规风险管理现状，可从合规政策、组织架构、资源配置、流程控制、沟通和报告制度、合规文化和技术手段等要素入手进行分析。

（7）内部利益相关方遵守法律的情况和激励约束方式。

此外，还需要考虑企业已签订的重大合同及其管理情况、知识产权管理情况、发生的重大法律纠纷案件或合规风险事件的情况。单个重大合同、纠纷就足以使企业的合规风险等级迅速上升。总之，合规风险环境的范围和内容并不是固定的，需要根据企业的合规风险状况变化及企业的管理要求而进行补充和调整。

## 二、选择识别合规风险的角度

### 1. 识别合规风险的角度

为保证合规风险识别的全面性、准确性和系统性，企业应构建符合自身经营管理需求的合规风险识别框架，即选择合适的识别角度组合。

（1）主要经营管理活动，如生产活动、市场营销、物资采购、对外投资、人事管理、财务管理等，有助于实现流程管控。

（2）企业部门的业务管理范围和岗位职责，以此角度可以落实每个部门及岗位的风险。

（3）利益相关者，如股东、客户、供应商、员工、政府等。

（4）风险源，即引起风险的行为或事件，如法律环境、违规、违约、侵权、逾期权利消灭、不当行为等。

（5）合规风险对应承担的责任，即把责任归结成不同类型，如刑事法律风险、行政法律风险、民事法律风险。

（6）不同的法律领域，如合同、知识产权、招投标、劳动用工、税务、诉讼仲裁等领域，这种识别角度可以帮助落实不同领域的合规风险控制措施。

（7）与企业相关的法律法规，明确企业合规风险即合规义务的规范来源。

（8）从以往发生的案例中吸取教训。以从合规风险源分类和企业经营管理活动过程两个角度构建的合规风险识别框架为例，此时需要逐一判断每一经营管理活动中是否可能存在某种风险源或风险事件，并尽可能地列举这些事件。同一经营管理活动中同一种类的合规风险事件可归属于同一合规风险类别，并据此确定该合规风险的名称，如××违规风险、××侵权风险等（××为某一经营管理活动的名称）。

2. 识别合规风险的方法

（1）问卷调查法

问卷调查法是调查者运用统一设计的问卷向被选取的调查对象了解情况或征询意见的调查方法。一般有标准化调查、间接调查、书面调查，即通过向被调查者发送要式文书所进行的调查。

（2）访谈调查法

访谈调查法是合规部门人员将所要调查的事项，以面谈、书面、电话等不同的访谈询问形式向被调查者了解情况，以获取所需资料的一种调查方式。包括：面谈访问法，一问一答并如实记录；小组座谈法，一般人数在8～12人，时间在1.5～2小时；电话访问法是调查人员通过电话向被调查者了解情况的一种快速调查方法。

问卷调查法和访谈调查法受主观因素影响大，并且业务部门的员工在实施时随意性比较大，再加上问卷及问题设计的内容模糊不定、概念不清，工作效果就会大打折扣。

（3）头脑风暴法

头脑风暴法是指由合规工作小组（由来自合规部门和业务部门的人员组成）在正常融洽和不受任何限制的气氛中以会议形式进行讨论，打破常规，积极思考，畅所欲言，充分发表各自看法。这种方法是为了克服群体决策中的群体思维即“从大溜”而被采用的，目的是克服群体盲从、提高合规风险识别考虑的全面性和质量。一般是以专题会议的形式进行，主持者提出会议讨论的问题，说明会议的规则，保证会议气氛融洽。需注意的是，主持人一般不发表意见，成员则提出尽可能多的方案、设想，以量求质，最后可以对记录的所有方案设想提出质疑。

质疑的流程是成员对每一个设想提出质疑理由，并给出改善的建议，结构通常是：××识别的合规风险是不存在的或未能识别出××合规风险，因为……，如果存在，必须……然后将这些评论意见和可行建议编制成表，并对质疑过程中抽出的评价意见进行评估，最终确定可行的方案。

（4）德尔菲法

德尔菲法是一种反馈匿名函询法。其流程是在对所要预测的问题征得专家的意见之后，进行整理、归纳、统计，再匿名反馈给各专家，再次征求意见，再集中，再反馈，直至得到一致的意见。这种方法是为了消除专家们的颜面顾虑，保证其畅所欲言。

（5）检查表法

检查表法是通过编制的合规风险的清单来识别危险及风险或者评估控制效果。检查表将各种专业知识纳入便于使用的系统中，有助于确保常见问题不会被遗忘，但也可能会限制合规风险识别中的想象力。

3. 识别合规风险的步骤

一般采用现代企业流程的“1+6”标准结构，即管理目标、工作步骤、责任主体（岗位和名称）、工作任务、控制记录、工作标准、工作方法，以“八项权力识别模型”来识别合规风险。

（1）明确需要加强合规管理的部门及岗位范围，并进行合规风险环境评价，判断合规风险环境的变化趋势。在时间上可以是随时根据大环境变化而进行，也可以定期进行。

（2）明确企业的合规目标，制订合规风险识别工作方案，包括识别的范围如部门岗位等、实施的工作机构、识别的角度方法、需要完成的工作事项及要求4个方面。

（3）明确各个岗位的权责，可以通过岗位职责说明书或业务流程编制岗位权责清单。

（4）根据岗位权责清单，运用各种识别方法进行合规风险识别。在合规风险识别上常用的工具有企业基于流程的合规风险识别评估矩阵图、企业基于岗位的合规风险识别评估矩阵图。

（5）评估不合规的后果及其发生可能性，并按等级排列形成风险评价清单，如高、中、低，直接影响、间接影响、不影响。

## 第二节　处理识别出的合规风险信息

### 一、评估合规风险：可能性和后果影响

识别了合规风险之后还应通过考虑不合规的原因、来源，后果的严重程度，不合规的后果发生的可能性等方面，进行合规风险分析评估，可以

说，合规风险评估是企业对自身风险敞口的预估。对于风险评估，我们可以基于流程合规风险识别分析评估矩阵图和岗位职责履行合规风险识别分析评估矩阵图等进行识别评估。

根据《合规管理体系指南》，合规风险可能性分析是指对识别出的合规风险进行定性、定量分析，并考虑具体原因、发生的可能性及其后果等因素。对可能性的评估应从企业内部着手，合规风险评估构成了合规管理体系实施的基础，是有计划地分配适当和充足的资源，对已识别的合规风险进行管理的基础。

影响合规风险发生可能性的 5 种因素有：内控制度措施的完善及得到执行，相关人员的法律素质，企业外部相关政策、法律法规的完善程度，相关监管部门的执行力度，以及利益相关方涉及合规风险的行为发生可能性。

企业内部如果相关制度完善、执行有力，员工法律素质高，了解相关法律法规及公司内部政策规定，利益相关方社会信用和业务资质良好，重视合规，而本企业涉及高合规风险的行为很少发生，则可以认定合规风险发生可能性低；反之则高。

合规风险的影响包括：后果的类型，如是财产类的损失还是非财产类的损失；后果的严重程度，如财产损失金额的大小、非财产损失的影响范围、利益相关者的反应等。

最后根据评估结果，合规部门应当向管理层提交评估报告，该报告可以根据风险来源（法律法规）分成不同专题作出。这些专题评估报告并非要求每年都必须提交，企业可以根据是否发生过重大合规事件而决定，如发生产品质量问题。评估报告包括：①工作实施概况，如评估的背景、范畴、方法等；②某一业务或专题合规风险基本评价；③目前存在的合规风险，如类型、内容、有无应对预案；④合规风险的原因；⑤风险后果，如类型及严重程度；⑥合规建议。

## 二、编制企业自己的合规风险清单：排序与分级

风险评价涉及企业合规风险分析过程中发现的合规风险等级与组织能够并愿意接受的合规风险水平的比较。基于这个比较，设定优先级，作为确定需要实施的控制及其程度的基础。为此，需要编制企业自己的合规清单。

### 1. 合规风险清单的内容

合规风险清单可以划分为3个信息区：①基础信息区，主要内容为合规风险及引发风险的具体行为，为便于今后的使用和管理，这里还可以为每个合规风险及风险行为设置不同的编码；②规范信息区，包括风险涉及的法规、法条、案例、法律责任和后果、法律建议、企业内部规章等；③管理信息区，包括风险涉及的企业部门、外部主体、经营管理活动或流程等。同时，应当在此清单上综合考虑合规风险管理的目标、成本和收益，资源的投入安排等因素，对合规风险进行排序分级。在合规风险排序和分级的基础上，企业可以根据其管理需要，进一步确定需要重点关注和优先应对的合规风险。

### 2. 周期性再评估

企业合规风险是处于变动中的，为了保证合规风险信息的准确性，应对其定期重新评估，尤其是在推出新产品或服务，组织结构或战略改变，外部发生重大变化，如金融经济环境、市场条件、债务和客户关系、合规义务发生变动，出现重大合规风险事件时。

## 三、监测清单上的合规风险

针对监测清单上的合规风险，要采取以下监测措施：①监测内外部合规风险环境的发展变化，如法律法规、相关政策的出台和变化，司法、执法及社会守法环境的变化，企业自身战略的调整改变等；②监测合规风险事件，分析趋势及其变化并从中吸取教训，并及时作出反应。同时，企业

应当检查工作进度与合规风险应对计划的偏差，保证风险应对措施的设计和执行有效。报告关于合规风险应对计划的进度和风险管理方针的遵循情况，实施合规风险管理绩效评估等。

### 四、合规风险的预警

在对合规风险进行监测的基础上，还应当制定相关合规风险的预警机制，给企业留下应对的时间。例如，《中央企业合规管理指引（试行）》第十八条要求企业建立合规风险识别预警机制，全面、系统地梳理经营管理活动中存在的合规风险，对风险发生的可能性、影响程度、潜在后果等进行系统分析，对于典型性、普遍性和可能产生较严重后果的风险及时发布预警。

应急预案要明确应急处理的相关组织机构、处理流程、沟通机制、应急措施和资源的配置保障，确保企业对突发合规风险事件作出快速反应，以有效控制突发合规风险事件对企业造成的影响。

## 示例4.1：某公司合规风险预警管理制度

### 第一章 总则

第一条 为了增强我司业务风险防范能力，提高业务风险管理水平，建立“各司其职、快速反应”的业务风险预警体系，特制定本制度。

第二条 风险预警是指运用多种信息渠道，对合规风险的预警信号进行识别，分析、衡量其风险状况，并及时采取适当措施，以化解风险的主动性、动态管理过程。

第三条 风险预警应遵循以下原则：

(1) 全面预警原则。风险预警工作涉及业务部门、合规部门、总经理。

(2) 及时报告原则。相关人员须及时发现各种预警信号，并尽快报告。

（3）快速反应原则。对于生效预警信号必须采取应对行动，在紧急情况下，相关人员可以本着有利于保全资产的原则，按照规定程序快速反应。

第四条　本办法所列行动方案如果触发资产保全、授信审批、政策修改等流程，应按照相应规定和权限办理。

## 第二章　岗位和部门职责

第五条　业务经理是发现管辖客户预警信号的主要责任人，其职责为：

（1）通过各种渠道及时发现风险预警信号。

（2）对预警信号提出初步评估意见和行动方案。

（3）具体执行风险预警行动方案，并及时报告处理效果和最新情况。

第六条　业务部门是发现客户预警信号的主要责任人，其职责为：

（1）督促经理完成风险预警工作。

（2）对经理风险预警工作进行指导。

（3）直接参与重点关注的风险预警工作。

（4）对经理提出的风险预警评估和应对预案进行审核，批准实施“紧急行动方案”，并组织和跟进预警行动方案的落实。

第七条　合规部门职责：

（1）协助发现重大预警信号，并向公司领导汇报。

（2）负责发布公司识别评估的预警信号。

（3）监督经理对预警信号的发现和应对方案的执行情况进行监督。

（4）负责公司预警体系的维护和管理。

## 第三章　预警信号的处理流程

第八条　预警信号的发现主要通过以下几种渠道：

（1）客户管理——按照规定的频率和要求对客户进行跟踪检查，掌握第一手资料，及时识别客户层面的各类预警信号。

（2）日常监控——通过审查审批、现场和非现场监控过程，识别各类预警信号。

（3）研究分析——通过对外部宏观环境进行分析，发现关于行业、地区等的系统性预警信号。

（4）外部渠道——通过关注网络、电视、报纸、专题研究报告、其他新闻媒体等，识别各类预警信号。

第九条　对于发现的或提醒的预警信号，业务经理应立即核实，并评估和判断预警信号，报告合规部门负责人，合规部门负责人应对预警信号进行核实，对行动方案进行评估。

第十条　合规部门会同业务部门核实和分析预警信号，研究制订行动预案，并报告公司负责人。

第十一条　公司负责人评估预警信号严重程度和行动方案的可行性后，签署意见执行。

第十二条　如遇重大紧急预警，可召开临时会议，听取各部门汇报预警信号处置及效果，研究完善行动方案。

第十三条　预警行动方案批准后的次日，业务经理应负责执行批准的预警行动方案，业务部门负责组织、协调、帮助执行预警行动方案；合规部门及相关部门应在行动方案获得批准后协助执行方案，并负责监督行动方案的执行情况。

第十四条　通常对于预警信号情况特别紧急的，为防止风险进一步扩大，合规部门有权批准“紧急行动方案”，事后报告公司负责人。公司负责人如果对“紧急行动方案”有异议，有权改正，否则视为同意。

第十五条　如果预警信号已经导致出现实质性风险，合规部门要提前介入，提供保全意见，或直接进入保全程序。

## 第四章　风险预警信号

第十六条　客户财务信用等状况风险预警信号：

（1）从其他金融机构获得的贷款形态由正常转为不良贷款。

（2）经常推迟或延迟支付有关费用。

（3）审计部门及会计师事务所对企业的账簿和财务记录不断进行检查。

（4）企业欠税。

第十七条 行业风险预警信号：

（1）政府对行业有严格的限制。

（2）经济环境发生变化，如经济萧条或金融危机，对行业发展产生影响。

第十八条 生产经营风险预警信号：

（1）对存货、生产和销售的控制能力下降。

（2）产品存在大规模严重质量问题。

第十九条 管理风险预警信号：

（1）管理层的核心人员突然死亡、生病或辞职，没有相应的继承者。

（2）借款人的主要股东、关联企业或母子公司发生了重大的不利变化。

（3）借款人遇到纠纷和法律问题，如受到税务工商等部门的处理，主要管理人员涉及处罚问题。

（4）借款人延期支付本金和利息。

（5）借款人不能提供我公司所要求的信息资料。

第二十条 抵（质）押物担保预警信号：

（1）抵（质）押物的所有权出现争议。

（2）抵（质）押物丢失、损毁。

（3）抵（质）押物的变现价值下降，并未及时补足。

（4）抵（质）押物被有关机关依法查封、冻结、扣押。

## 第五章 预警信号的解除

第二十一条 当以下情况发生时，可提出解除对客户预警的申请：

（1）经过核实，相关人员报告的预警信息不准确。

（2）原预警信号情况好转，已对我司授信不构成风险。

第二十二条　预警信号的解除由业务经理提出书面申请，经合规部门负责人同意，报公司负责人批准后，准予消除，并应存档。

**第六章　附则**

第二十三条　对于能及时发现并报告预警信号的项目责任人，如手续齐全合规、无主观故意，在责任追究时，可根据授信工作尽职规定予以免责；对于未能及时发现并报告预警信号甚至故意隐瞒不报的项目责任人，将依据有关规定严格问责。

第二十四条　对于提醒性预警信号没有及时核实调查而引发风险扩大造成授信损失的责任人，将依据有关规定严格追究责任。

第二十五条　如果单位负责人以各种形式压制风控经理隐瞒不报，将依据有关规定严格追究单位负责人责任。

第二十六条　公司按照法律、行政法规、规章等相关规定，建立健全风险预警管理制度。

## 第三节　直面合规风险

### 一、选择合规风险的应对策略

合规风险发生后，要及时预警并按照预案开展应对。合规风险应对是指企业针对合规风险或合规风险事件采取相应措施，将合规风险控制在企业可承受的范围。《中央企业合规管理指引（试行）》第十九条要求企业加强合规风险应对，针对发现的风险制定预案，采取有效措施，及时应对处置。对于重大合规风险事件，由合规委员会统筹领导，合规管理负责人牵头，相关部门协同配合，以最大限度地化解风险、降低损失。

合规风险应对策略包括规避风险、控制风险、转移风险、接受风险和其他策略等。应根据以下几方面来制定策略：①企业的战略目标、核心价值观和社会责任；②企业对合规风险管理的目标、价值观、资源、偏好和承受度；③合规风险应对策略的实施成本与预期收益；④选择几种应对策略，将其单独或组合使用；⑤利益相关者的诉求和价值观、对合规风险的认知和承受度以及对某些合规风险应用指引偏好。

## 二、评价企业合规应对现状

如果企业对某些合规风险选取了规避、控制或转移的应用指引，则应该对这些合规风险的应对现状予以进一步的评估，以了解目前的合规风险应对存在哪些不足和缺陷，为制订合规风险应对计划提供支撑。评价应对现状应考虑如下情形：

（1）资源配置，即企业内部的相关机构设置能否满足合规风险应对需要、用于合规风险应对的人员配备以及用于合规风险控制的经费是否充足等。

（2）职责权限，即是否明确与风险应对相关的职责和权限。

（3）过程监控，即是否要求对持续性业务、管理活动进行定期或不定期的监督和控制，保留证据资料，进行信息沟通、警告。

（4）奖惩机制，即对相关工作、管理人员在合规风险应对工作中的表现、成绩是否设立了奖惩机制等。

（5）执行者能力，即企业对与合规风险应对相关的内部执行者是否有明确的资质、能力要求。

（6）部门内合规审查，即是否要求业务部门内部对一般性合规问题进行审查，一般性合规问题是指从事某项业务必须掌握的基础性、常识性的法律问题，各部门人员可以通过培训掌握相关内容。

（7）专业合规审查，即是否要求合规部门或专业律师对专业性法律问题进行审查或提供相关法律意见。

(8) 风险意识，即工作人员和管理人员对风险的存在、风险将会造成的后果，以及如何开展风险应对等方面是否有必要的认识和理解。

(9) 外部合规风险环境，即有关法律环境是否完善、稳定，社会守法状况，执法力度和司法方式等。

### 三、制订和实施合规风险的应对计划

根据选择的风险应对策略和企业应对现状的评价，企业应当制订和实施应对计划。应对计划一般包括如下内容：

(1) 资源配置方面，企业应设立或调整与合规风险应对相关的机构、人员、补充经费或风险准备金等。

(2) 制度、流程方面，制定或完善与合规风险应对相关的制度、流程。

(3) 标准、指引方面，针对特定合规风险，编撰指引及标准类文件，以供业务人员使用。

(4) 技术手段方面，利用某些技术手段规避、控制或转移某些合规风险，如为了规避欧盟对个人数据的保护性规定，许多互联网企业增加了隐私政策确认前置程序要求。

(5) 信息方面，对某些合规风险事件发布警告或预警。

(6) 活动方面，开展专项活动，规避、控制或转移某些合规风险。

(7) 培训方面，对关键岗位人员进行合规风险培训，提高其合规风险意识和合规风险管理技能。

除此以外，企业还应当确定如何实施合规风险应对计划。首先，应当明确实施合规风险应对措施的机构、人员安排、责任和奖惩、措施涉及的具体业务及管理活动；其次，应当确定报告和监督、检查的要求，资源需求和配置方案实施的优先次序和条件；最后，制订实施时间表，时间表最好以时间轴或大事记的形式表现。

总之，合规风险应对是一个递进的动态过程，需要根据内外部合规风

险环境变化对制定的措施进行评估调整，以确保措施实施的有效性。企业在制定合规风险应对措施后应评估其剩余风险（剩余风险是指预期采取合规风险应对措施后的合规风险）是否可以承受。如果不可承受，应调整或制定新的合规风险应对措施，并评估新的措施的效果，直到剩余风险可以承受。执行合规风险应对措施会引起合规风险情况的改变，因此需要跟踪、监督有关风险应对的效果和组织的环境信息，并对变化的风险进行评估，必要时需要重新制定合规风险应对措施。

# 第五章 建立有效的合规管理体系

合规风险管理流程的组织实施需要一个合规风险管理体系，包括风险管理的方针、组织职能、资源配置、信息沟通传递机制等相关基础配套设施。

## 第一节 合规管理体系概述

### 一、主要部分

有效的合规管理体系至少应该包括如下几个部分：

（1）合规政策。“没有规矩不成方圆”，合规政策支撑起合规管理体系的制度框架，是合规管理体系的重要组成部分。

（2）与合规风险管理目标相匹配的组织职能和资源保障。合规政策需要人去执行，需要明确具体的执行责任人，并提供相应的资源。

（3）相关流程控制措施。根据识别出的风险点，将内部控制措施应用于合规管理的流程中，以保证合规管理工作的有效性，企业应当建立与监管部门规定相一致的合规管理制度，对于流程控制而言，监管规定一般要求包括合规政策及标准、工作底稿、合规部门的报告机制、监督机制、培训机制。

（4）与内外部利益相关者关于合规风险管理的沟通机制。就内部沟通而言，有助于实现信息的有效传递，控制的有效性依赖于信息传递的畅通，许多合规风险事件在事后被发现合规风险信息早已经被指出，只是因为没能实现有效的沟通而导致企业高层未能及时获取并采取相应措施。

（5）合规文化。作为企业文化的重要组成部分，合规文化应当贯穿企业的方方面面，表现为培训、宣传等形式，是抵御潜规则下管理层盲目行动的重要武器。合规文化为企业的行为设定了底线，是企业自我拯救的“药方”。

（6）合规风险管理的技术手段、方法、工具等。

## 二、核心

合规管理体系的核心是道德与合规文化。合规文化包括企业合规价值观以及来自高层领导的积极支持和承诺。没有良好的道德与合规文化，合规制度只是虚有其表，无法真正发挥作用。

## 三、合规管理体系的目标

合规管理体系的目标是实现管控实效和效率平衡。合规政策的每一句话、单行制度的每一项设定、具体流程的每一个环节，以及负责人员的每一项职责，始终不能脱离“管控实效”这个核心。合规体系又必须是平衡效率的，合规要保驾护航、创造价值，而不是徒增成本、阻碍业务。

## 四、合规内体系三项关键支柱

合规内体系三项关键支柱为人员、技术和制度。

（1）人员：企业应安排具备合规经验的人员设计、运营和维护合规管理体系，并依据该体系框架管理法律、政策和道德风险。

（2）技术：先进的技术工具有利于促进合规管理体系的设计和运营；完善的技术平台能有效整合各类风险，并帮助企业预防、监测道德合规风险，实现事后快速响应。

（3）制度：企业应制定适当的制度以保证合规管理体系以合规风险为导向，并通过优化业务流程提高合规管理效率，降低管理成本。

## 五、合规管理体系要点

合规管理体系要点包括以下几个方面。

（1）组织培训：合规管理需要治理层、管理层、合规专业人员的设计、运行、维护和监督，并通过组织结构的合理设置确保合规体系的独立性和权威性；为增强员工合规意识、提高员工履行合规义务的能力，企业应制定系统的培训制度。

（2）评估调查：风险评估是合规管理的基础，有助于企业明确合规管理和尽职调查的重点。

（3）政策流程：合规管理的标准、政策、流程应清晰并可执行，能有效控制企业的关键合规风险。

（4）报告沟通：员工报告制度应为员工提出合规问题，报告潜在合规事项，提供安全、顺畅的渠道，提高合规管理的效果，并保证上下层之间合规要求的传达与合规问题的报告。

（5）案件处置：企业应明确各类合规案件的分类、优先级、管理职责和调查程序。

（6）监视改进：企业应明确合规管理改进政策，定期测试评估合规管理体系的设计有效性和控制执行有效性。

## 六、有效的合规管理体系的特点

有效的合规管理体系的特点有以下几种。

### 1. 公开公正

合规制度面前应该是人人平等的，没有人拥有特权，对于同一种违规行为应该有相同的处罚。此外，级别越高，合规义务要求也应该越多，为此，需要完善高层的合规要求。公开是公正的重要表现。合规政策制定出来以后应向全体员工公开，让全体员工知晓；合规管理的流程应当公开，以保证有效的监督；合规的考核绩效奖惩结果也应当公开，在企业中形成良好的追求合规的氛围。通过公开，减少了信息不对称，增强了上下级的沟通，有助于提高合规管理水平。

2. 全面系统

首先是人员的全面，企业上下都应当遵守合规政策，树立合规信仰，不能把合规当作应付之事，否则合规管理无法取得应有成效。其次是合规政策的全面，合规政策应当覆盖企业的合规风险，提供全面系统的合规要求与管理措施。

3. 简明实用

不同于法律，合规政策的语言应当简明易懂，篇幅不能过长，否则员工很难理解和记忆，自然也谈不上成效。同时，合规政策和措施也应当融入企业的经营管理中，保证公司上下的参与，保证合规管理制度的实用性。

## 七、合规管理体系建设的重点

合规管理体系建设的重点包括以下几个方面。

（1）要将管理层作为首要控制点，没有管理层的支持，合规管理无法完全发挥作用。合规管理要求董事会和高管都必须以身作则，参与制定合规政策，如制定《合规政策》（董事会层面）和《合规管理办法》（高级管理层层面），建立合规部门，决定其人选，配合合规部门工作，实施合规风险应对措施，通过定期会议、接受培训等方式了解主要的合规风险、趋势和事件，如果可能，应当把合规纳入业务决策考虑的范畴。

（2）以合规纲领性文件为统领，进行合规政策的制定、汇编、整理工作。企业的生存离不开制度，合规管理更是一种企业的“法治”，因此，必须在纲领性文件的指引下，建立企业的规章制度体系及制定修改流程，以保证企业的规范化运行。

（3）提前预防和提示合规风险。合规管理要有前瞻性，合规部门应积极保持与监管机构的沟通，了解最新的政策及导向，对于监管机构发出的每一个规章制度，都要及时分析、整理和归纳，提出相应的法律合规要点，明确应对办法并及时提醒各职能部门。

（4）明确各个岗位的责任和尽责义务，制定《整体合规手册》，关注合规管理要求的有效执行。企业制定的规章制度再完备，也需要有效的执行和监督，否则，再好的合规管理目标也只能是镜花水月。

## 第二节　合规政策

在一些国家，有效的合规管理是企业减轻乃至免除处罚的重要情节，而健全、完善的合规政策就是合规管理有效的证据。企业的合规政策可以分为三类：首先是最高阶的纲领性政策，其地位类似于法律的基本原则，必须为企业上下共同遵守，如道德诚信标准；其次是规范类政策，其地位类似于基本法律部门，为特定合规风险领域或主题提供具体合规要求与规范；最后是指引类政策，指引类政策是合规政策进一步的细化，为员工提供了面对具体情形时的行为选择指引。

### 一、合规政策的制定

制定合规政策是合规部门与管理层的职责，是落实合规管理措施的制度基础。合规政策应当符合企业的合规目的，可以为合规目标的设定提供全局性框架；要满足适用的要求和目的，该政策才能够持续改进。制定合规政策也离不开识别合规风险环境（认识企业外部环境与自身情况）、识别评估合规风险等环节，它们是紧密联系的。因此，企业在制定自己的合规政策时要紧扣企业面临的合规风险，合规政策不需要“大而全”。此外，合规政策作为“内规”，与“外规”的法律法规和监管规定有一些共同要求：要向适用的对象公开；要坚持规则面前人人平等；制定的规范文件不能相互冲突，要共同构成一个有机体系；要符合比例原则，将合规风险降低到可容忍水平就可以，不能过严过重，否则会引起员工的抵触心理；要能充分发挥效力，具有可实践性；在语言上，相比法律法规的高度抽象，合规政策要简明易懂，必要时可以使用图表表示。

## 二、合规政策的内容

合规政策的内容应至少包括以下几个方面。

（1）企业的核心价值观、合规目标，这是企业合规管理体系的顶层指引，在合规政策存在空白时起到指引作用，是合规制度的灵魂，影响和塑造着合规管理体系的形态。

（2）合规的内涵与外延，可以传递正确的合规理念。

（3）最高管理者对合规政策的态度立场和遵守承诺，能够鼓舞全体员工追求合规。

（4）合规政策的适用范围，不仅要明确人员范围，还要明确适用领域。

（5）合规政策的位阶体系，要对纲领类的合规政策、规范类的合规政策、指引类的合规政策作出区分，明确各个合规政策的效力位阶。

（6）行为模式，可以为员工提供行为指引，告知员工违规的相应后果及应对方式等。

## 三、合规政策的形式

合规政策在形式上应当符合以下几个方面的要求。

（1）形成可供使用的文件形式，如说明或有权限限制、不可随意更改的电子信息。

（2）以通俗易懂的语言书写，便于所有员工均能容易地理解其原则和目的，必要时，还应翻译为其他语言，目前跨国公司大多提供至少本国语言与英语两种版本。

（3）在企业内明确传达，保证所有员工能够及时获取该文件，必要时，还需要向外部利益相关方提供，乃至向社会公开。

（4）合规政策确立了企业合规管理的制度框架。它向全体员工传达了合规要求。合规政策不是孤立的文件，还需要有其他文件支持，并构成一个完整的合规政策体系，包括内部的经营方针、流程以及外部施加合规义务的规范、激励企业采取合规管理的规范等。

因此，在制定合规政策时，还应当考虑以下几个方面。

①国际、地区或东道国的对企业施加的特定合规义务。

②与企业的战略、目标和价值观是否匹配。

③企业的纲领类的合规政策如果涉及权责的安排，需要与企业治理结构和框架保持一致，以保证合规管理的有效性。

④合规管理体系建设的重点可能转化为合规风险的其他风险。

⑤其他内部标准和规章。

## 第三节　组织架构与资源保障

要实现合规管理，良好的公司治理结构是大前提，强有力的合规部门是小前提。合规部门要想发挥作用，优秀的合规人才也是不可缺少的，人员是合规管理体系的三大支柱之一。

### 一、建立合规管理体系的组织架构

企业首先应当建立适应合规要求的公司治理框架，即明确股东会、董事会、监事会的权责关系及它们在合规管理中的权力和职责。其次是建立有效的合规风险管理的组织架构，明确合规部门和相关部门的职责和人员组成，如外部合规顾问、企业内部合规顾问等合规岗位的构成及相互关系，具体而言，包括：确定内外部合规管理部门的分工和合作方式；明确合规政策的制定、实施和维护的职责分配；明确执行合规风险应对措施、维护合规风险管理体系和报告相关风险信息人员的职责。最后，合规管理不只是合规部门及其成员的责任，需要全体员工共同参与，因此，合规管理体系的组织架构里还需要明确全体员工在其本职工作中有关合规管理的职责，建立合规绩效考核方法、奖惩制度，建立业务的批准、授权制度，完善审批流程。

企业还应确定并提供建立、制定、实施、评价、维护和持续改进合规管理体系的资源，以保障合规管理体系适合企业的规模、结构及其复杂程度和正常运行。这里的资源包括财务和人力上的资源、来自企业外部的建议和合规人员的专业技能、基础设施，以及合规管理、法律义务、专业发展和技术等方面的参考资料。

因此，管理层要根据合规管理计划，制定可行的方法，为合规管理分配适当的资源：符合技术、经验和能力要求的合规管理相关人员；合规管理过程每一阶段所需要的人力、资金及其他资源，以不断调整合规管理目标、成本和收益的关系，提高合规管理的收益水平；信息和知识管理系统，以提高信息沟通和管理的效率。

## 二、建立企业自己的合规部门

合规管理部门的设立应当与公司的规模、业务性质相匹配，符合合规管理的任务量，对于小企业而言，可以将部分合规业务外包。同时，要确定合规管理部门的组织体系，厘清上下级之间的权责。通常，合规管理部门体系分为两个层级：首先是合规管理委员会，该机构一般设置在董事会，由董事长或副董事长担任委员会主席，负责确定企业的合规目标，统筹合规政策的制定，审阅合规报告，作出合规管理的决议，是企业合规管理的最高负责部门，协调各部门的合规管理工作。其次是合规部门和合规专员，一般由经理层担任合规部门负责人，合规部门和合规专员负责日常合规管理工作。

1. 合规部门的模式

（1）合规机构设置主要存在两种组织结构

①集中化的组织结构，即所有负责合规工作的职员都在一个独立的合规部门体系之中。在这种“直线”形的合规组织中，一般要求企业任命合规负责人来承担合规管理工作的具体管理责任，根据企业的规模、性质、合规管理业务量，可以采取设置专岗、兼职岗或直接外包三种模式。专岗如首席合规官或总法律顾问具体负责公司合规风险分析、合规业务绩效、职位设置和薪酬相关等决策，原则上可以进入董事会担任董事（外包的，可以担任独立董事），并向公司管理委员会和监事会汇报工作。各分支部门的合规官最终都向首席合规官汇报工作，所有合规官所负责的范围有着明确的岗位职责描述。对于跨国公司而言，为了保证有效管理，由区域合规官领导各个区域下级合规组织。有些合规部门中还分设了小部门，如合规法律部负责出庭应诉、起草合规政策，合规调查部负责调查舞弊腐败等行为，合规整治及风险防范部负责日常监控等。这些分部门负责处理与可能的违规案件有关的整个过程，从收到指控开始，包括相关调查、涉及劳动法的诉讼、必要的补救措施以及任何可能发生的相关法律诉讼。

②分散化的组织结构，即由分布在不同业务部门的合规人员各自负责自己部门的合规管理事务。这些人员一般是合规专员，合规专员需要持续关注营业地的法律法规及监管规定的变化，识别出所在部门的合规要求，并据此完善业务流程。此外，总部仍需要设立合规委员会，指定合规负责人，根据具体情况，必要时还应当设立区域合规官来处理一定区域内的合规管理事务。合规专员需要定期与上级合规官或总部合规部门沟通，完成风险评估、培训宣传、登记报告等多项任务。对于一项需要汇报到总部的合规项目，总部的合规部门从全局角度，负责制定整体策略、项目架构、整体管理项目的落实，制定项目执行流程和工具等，区域合规官则起到居间传导和控制的作用，下面的每家子公司、分公司的合规专员则负责具体

的项目落实，包括结合当地的法律法规制定具体的合规政策或行动计划，提出合规建议、解答，以及与子公司业务部门沟通协作、实现项目目标等。

（2）《中央企业合规管理指引（试行）》的相关规定

《中央企业合规管理指引（试行）》第八条、第十条、第十一条虽然规定了设立合规管理委员会，但并未明确采用上述哪种模式，给了中央企业自主选择的空间。按照规定，中央企业设立合规委员会，与企业法治建设领导小组或风险控制委员会等合署，承担合规管理的组织领导和统筹协调工作，定期召开会议，研究决定合规管理重大事项或提出意见建议，指导、监督和评价合规管理工作。

法务部门或合规部门为合规管理牵头部门，负责组织、协调和监督合规管理工作，为其他部门提供合规支持。具体而言，首先，合规部门应当持续关注法律法规等规则变化，在此基础上，研究起草合规管理政策，参与企业重大事项合规审查，组织开展合规风险识别和发布合规风险预警（包括风险类别、发生可能性、影响后果、防范措施及其实施责任部门）。其次，应定期组织开展合规检查与考核，对制度和流程进行合规性评价，督促违规整改和持续改进，在日常业务中还应当指导所属单位责任范围内的合规管理工作，受理职责范围内的违规举报，组织或参与对违规事件的调查，并提出处理建议，特别是组织或协助业务部门、人事部门开展合规培训。

业务部门负责本领域的日常合规管理工作，按照合规要求完善业务管理制度和流程，主动开展合规风险识别和隐患排查，根据合规部门发布的风险警示落实防范措施；组织或参与合规审查，及时向合规管理牵头部门通报风险事项，妥善应对合规风险事件，做好本领域合规培训和商业伙伴合规调查等工作，组织或配合进行违规问题调查并及时整改。

2. 合规部门与其他部门的工作关系

审计、风险管理、安全生产、质量环保等相关部门，应在职权范围内履行合规管理职责。

合规部门与审计部门在合规管理上的关系有：合规部门与审计部门的工作成果可以为对方提供工作的重要线索，合规部门可以就审计部门指出的可疑之处开展合规调查，合规部门发现重大合规风险的也可以请审计部门配合，同时合规部门也要接受审计。

企业经营管理面临的风险除了合规风险以外还有市场风险，即由于宏观因素变化如汇率、利率等对企业经营的影响，宏观层面的风险需要风险管理部门及时、准确地预见，风险管理部门与合规部门在此领域各有侧重，合规管理是其他风险评估及控制的前提和重要工具。

3. 合规部门与监察委的工作关系

根据《中华人民共和国监察法》第三条、第十一条、第十五条的规定，监察委监督、调查和处置公职人员与有关人员的廉政情况、职务违法犯罪情况，其监管的人员范围不仅包括党政机关工作人员，还包括国有企业、事业单位的管理人员。为了方便监察，《中华人民共和国监察法》第十二条规定，监察委可以向国有企业派驻或者派出监察机构、监察专员。因此，合规部门在进行合规工作时，如有发现管理人员的违法违规情况，则需要向派驻企业的监察委通报相关情况。

综上所述，全国性的规模较大的企业，可以根据需要增加合规管理职能，并设首席合规官；规模小的或区域性的企业可以在业务部门中设立合规专员、区域合规官；规模较小的企业可以设立兼职的合规风险管理人员或者将合规业务外包给合规专家。在企业股东、负责人、首席合规官的领导下，合规专员在职权范围内完成上级交办的规章制度建设、合规监督检查、合规培训、咨询、调研、宣传等工作。

4. 合规部门的要素

（1）独立性

合规部门要独立于业务部门和其他管理支持部门，有单独的汇报线条、单独的工作人员，不受其他部门的领导或辖制。合规部门作为研究规则、设立规则、监控规则实施并纠正违规行为的部门，如果不具备独立的权限和公司内部的“执法”能力，只能是形同虚设。独立性包含 4 个相关要素：

①合规部门应在企业内部享有正式地位。②应由 1 名合规官或合规负责人全面负责协调企业的合规风险管理。③在合规部门职员特别是合规负责人的职位安排上，应避免他们的合规职责与其所承担的任何其他职责之间可能产生的利益冲突。④合规部门职员为履行职责，应能够获取必需的信息并能接触到相关人员。同时，合规部门要尽量独立于业务和财务部门，进行独立预算管理，预算管理应与合规部门的工作目标保持一致，而非取决于业务部门或业务的盈利状况。建立科学的激励考核机制，即一方面合规部门要接受上级部门和机构的监督评估，以确保合规职能的有效发挥；另一方面，对各业务部门或业务管理人员的绩效考核，应主动咨询合规负责人对其合规风险管理能力的评价意见。

（2）较高的管理权限和汇报层级

合规部门从某种程度上来说应当是比较“超脱”的一个保驾护航的部门，合规的职能，从政策制定到流程执行，都需要具备较高的管理权限，涉及内部调查工作时，就更需要“令牌”在手，否则合规工作将很难实际推行。

（3）法律职业属性

合规的基础是法律法规、行业规范等要求，这就需要合规部门具备专业的法律能力，来理解、执行法律法规的要求。公司内部的规范制定、流程设立等在实施上往往也具备浓厚的“立法技术”，对法律能力的要求也较高。内部调查或违纪惩处，就更是直接的法律工作，因为涉及证据的合法收集、证据的效力、调查行为的合法，以及将来的劳动、民事、刑事程序等，都是对法律专业要求极高的事项。

## 案例5.1：互联网企业的合规部门

### 一、百度的职业道德委员会①

职业道德委员会是百度的高层议事机构，实际负责其内部反腐的是百度职业道德建设部，于2011年成立，是百度规范员工行为、强化价值观建设的专职机构。核心成员均为从事过企业内审、检察官、警察等职业的专业人士。

该部门在招聘反舞弊调查经理时，要求法律专业毕业，与侦查/调查相关的工作经验5年以上，具有司法调查工作经验者优先。而其工作内容包括：接受来自不同途径的举报或报告，采取适宜的调查方案及手段来甄别事实，提取人证、物证，并对涉案人员进行质询。依据调查过程中获取的事实，向管理层提交书面的结案报告，向公司职业道德委员会汇报案件情况。

该部门类似于香港廉政公署，在百度内部具有高度独立性，不隶属于任何业务部门。在进行腐败案件调查时，该部门拥有独立的调查权，不必经过相关业务部门领导同意即可直接展开调查，直接向最高管理层汇报工作。

### 二、阿里巴巴的廉正合规部②

阿里巴巴的廉正合规部成立于2009年，并于2012年设立了首席风险官。廉正合规部的负责人是阿里巴巴重要高管蒋芳。首任首席风险官邵晓锋曾是获得过全国特级优秀人民警察称号的刑警。

---

① 资料来源：https://baike.sogou.com/v101353802.htm? fromTitle=百度职业道德委员会。

② 资料来源：http://www.legaldaily.com.cn/integrity-observe/content/2018-10/09/content_7662648.htm? node=70769，2018-10-09。

作为高度独立的专门反腐败机构，廉正合规部专司腐败调查、预防及合规管理，只向集团CPO（首席人力资源官）汇报工作，与各业务线以及内审、内控部门都保持充分的独立，其职能不受任何业务部门的干预。

廉政合规部的问责权限：全体员工一视同仁、上不封顶。廉正合规部查办的所有辞退案例，全部在内网论坛中实名公告。此外，由廉正合规部牵头，联合所有业务线的风险管理团队成立了内部虚拟组织“阿里巴巴风险管理联盟”，可以及时了解各业务线最新的业务发展趋势及廉正风险状况，实现各业务线间的风险预警信息共享和反腐协作。在此联盟基础上，逐步构建了全方位渗透的廉正合规传导体系，将廉正合规理念传递给阿里经济体8万名员工，统一公司全生态的合规管理规范。其合规政策可以表述为以下几个方面：

一是在业务差异大的公司、集团单设廉正部门（集团廉正实线管理），贴近业务，因地制宜地圈定风险地图，制定各自的廉正合规管理策略，从而更加有的放矢。

二是修订通用版《商业行为准则》，以此为基本底线，在不降低行为标准的前提下，允许各集团、大事业群结合业务特点进行个性化微调。

三是对全体员工年度合规认证考试也实行差异化管理，连创始人马云也不例外。开展有针对性的认证考试。

四是将投资并购流程纳入廉正合规的视野与流程中，事中加强对合规制度的了解和对标，评估廉洁风险状况；投后视具体情况采取不同的廉正管理对接方案。

五是以全球化视角推动合规落地。在确保不违背所在国法律、不突破公司文化底线要求的情况下，对具体执行方式进行区别化对待。

六是作为公司治理的重要部分，阿里巴巴廉洁治理体系的搭建也紧扣诚信文化。

## 三、腾讯的反舞弊团队①

腾讯将公司的纪律规范提炼概括为腾讯“六戒”，即故意虚假报账、收受回扣、泄露公司商业机密、从事与公司有商业竞争的行为、违法乱纪行为、打听或泄露薪资等保密敏感信息的行为，对于触犯“六戒”的行为，轻则解除劳动关系，重则移送司法机关追究刑事责任。腾讯公司在合规人员的招录上也坚持法律职业属性。例如，其反舞弊调查经理的任职要求是：具备10年以上反舞弊调查经验（有公检法侦查相关经验者优先）；为人正直、自律，踏实稳重，具有高度的诚信观念；熟悉国家法律法规，熟悉公司企业内控体系，具备一定的法律、审计和侦查专业知识。其岗位职责主要是：

（1）受理来自公司内外部任何涉及公司员工或合作伙伴舞弊问题的投诉。

（2）通过专业的调查技巧和合法的调查方法、工具，收集和分析相关证据。

（3）对员工涉嫌商业贿赂、职务侵占及各类违规违纪行为进行调查取证，严肃查处违法违纪行为，使公司各项政策得以执行，控制和降低公司经济损失。

（4）对供应商资信和背景进行调查取证，查处供应商的欺诈行为，控制和降低公司经济损失。

（5）依据调查过程中获取的证据和事实，向管理层提供书面调查报告。针对调查过程中发现的管理漏洞、潜在风险及损失提出改进意见，并监督改善措施的执行情况。

（6）进行公司反舞弊相关政策的宣讲。

（7）监督公司反舞弊相关政策的执行和培训情况，分析舞弊发生的原因和趋势，并提前向管理层作出提示。

---

① 资料来源：https://politics.gmw.cn/2019－08/06/content_33055947.htm，2019－08－16.

## 第四节　流程控制

### 一、将合规管理措施纳入流程

企业应当根据合规风险管理的目标，建立和完善适当的配套制度和行为规范，建立合规风险管理的工作程序，同时，结合企业内部控制管理工作，将合规风险纳入流程控制中，确保合规风险管理工作切实融入企业的日常管理工作中，在企业内部统一理解和执行。因此，企业首先需要明确本企业合规风险管理工作的范围和内容，考虑企业现有的制度管理体系和风险管理的制度，具体分析可纳入流程管理的合规风险，以及其相关管理措施与其他风险控制点的嵌套关系。

### 二、内控概述

企业合规的内控措施实现了合规管理由重结果向结果与过程并重的转变，为合规管理提供了评价和改进的机制。内部控制涉及诸多领域，包括组织架构、发展战略、人力资源、社会责任、企业文化、资金活动、采购活动、资产管理、销售业务、研究与开发、工程项目、担保业务、业务外包、财务报告、全面预算、合同管理、内部信息传递、信息系统等领域，内部控制要求识别这些领域的风险（并不限于合规风险，但这些风险都会经内控转化为合规风险），然后制定相应的制度，采取对应措施。具体内容见以下各节。

## 第五节　与内外部利益相关者的沟通机制

信息传递是内控的着力点之一，也是内控的重要组成。要实现合规管理体系的有效运行，必须建立良好的信息沟通与传递机制。企业应先确定与合规管理体系相关的内部和外部的沟通需求，包括沟通内容、沟通时间、沟通对象、沟通方式。信息沟通与传递可以分为内部和外部两个方面。

### 一、内部沟通和报告机制

内部沟通是指通过各种形式如内部网站发布新闻动态、通过邮件沟通信息，或者指定具体时间集中处理合规信息等，在企业内部传递合规的相关理念知识，识别评估、预警、政策流程等信息。其中，直接上下级之间的传递是十分重要的。内部沟通的内容包括合规风险管理体系的关键组成部分及其调整、合规风险应对计划实施的效果、合规风险管理的相关信息、需要与内部利益相关方协商的内容等，以确保全体员工持续获知并理解合规信息。沟通应当明确给出企业对员工的期望，以及不合规将在何种情形下逐级上报给谁。

### 二、与外部利益相关者沟通的机制

企业通常面临复杂的监管和外部利益环境，为了符合法律法规和公司治理的要求，确保与外部利益相关者保持有效的信息沟通，使外部利益相关者树立对企业的信心，提供外部利益相关者的报告和反馈以便完善自身合规管理体系，企业应当结合自身情况建立良好的外部沟通机制和渠道。尤其是在发生突发事件、危机和紧急状况时，应当及时与利益相关者进行沟通，近年来多起失败的危机处理案例表明，沟通不及时或不沟通对企业造成的损害是十分巨大的。

外部利益相关者包括但不限于监管机构、客户、承包商、供应商、投资方、非政府组织等，与外部利益相关者的沟通可以分为三种：①同业务伙伴（包括客户、投资方）的交流，作为与企业通过合同等方式形成合作关系的第三方，其不合规行为很可能会牵连本企业，因此，企业要通过提供外部培训和沟通促使业务伙伴也实施合规。②同行或产业上下游之间的沟通，但此类沟通可能会涉及反垄断法和反不正当竞争法的范围，需要注意沟通的内容，不应沟通与合规管理无关的信息。③与监管当局的沟通，这是企业获取合规要求的重要途径。

无论是外部还是内部沟通，沟通方式均包括网站和电子邮件、新闻稿、广告和定期简报、年度（或其他定期）报告、非正式讨论、开放日、分组座谈会、社区对话、参与社区活动和热线电话等。这些方式能鼓励相关各方理解和接受企业的合规承诺。此外，企业合规风险管理信息的沟通和报告机制要考虑与其他风险信息报送的衔接关系，以保证相关部门信息的互动沟通，对风险信息进行组合分析，提高管理效率。

### 三、合规报告是信息沟通的重要形式

《中央企业合规管理指引（试行)》第二十八条为中央企业设定了合规报告义务，要求企业建立合规报告制度，如发生较大合规风险事件，合规管理牵头部门和相关部门应当及时向合规管理负责人、分管领导报告。重大合规风险事件应当向国资委和有关部门报告。广义来看，合规报告的表现还包括上市公司重大诉讼的信息披露。通过合规报告，保证监管部门能够及时、有效地介入重大合规风险事件，防止危机扩散。因此，企业应鼓励和支持充分和坦诚报告的文化。

#### 1. 内部报告制度的内容

企业首先应设定适当的报告准则和义务，落实到岗位，确保各责任人

知道报告的范围、内容、形式、时间点、接受报告的部门等信息。其次应确立定期报告时间表，明确异常情况范围，建立便于对新出现的不合规行为进行特别报告的异常报告系统，保证及时报告，合适的报告系统和过程能确保信息的准确性和完整性，包括向企业的恰当职能部门或区域提供准确和完整的信息，以便其采取预防、纠正和补救的措施。对于向企业管理层提交的报告，需要相关责任人（包括业务部门和合规部门）就其准确性签字确认。重大情况包括重要的并购项目、重大业务交易（价格特殊或具有其他特殊情况）、重大诉讼仲裁、重大监管调查及处罚事件、重大公关失败事件。

具体程序可以分为以下5个部分：①各部门确认自己报告的义务要求，收集相应的合规管理信息，包括开展年度合规风险评估总结、汇总应对策略、整理工作底稿并评估分析得出相关结论，由多个部门联合报告的，需要确定牵头部门。②撰写合规报告，需要遵循一定的格式、语言要求，可以根据不同的标准目的环节来撰写，如业务部门、所在地区、合规风险类型。其中，原因分析要深入、具体，结合风险动态，分析短期及长期影响；应对措施要充分，明确实施主体和关键节点措施等信息。③审查合规报告，防止存在错误影响报告的准确性，导致监督责任人理解偏差、前后矛盾等情况的出现。④提交或公布合规报告时，要根据合规报告的不同使用者和涉及的不同人员分别提交或公布。⑤由管理层组织评审合规报告，明确重大合规风险及相应的管理责任。

2. 内部合规报告的内容

（1）按照法律法规和监管规定要求，企业应当向所有监管机构通报的任何事项、在常规报告时间表范围之外突发的实质性重大事件。

（2）合规义务的变化、该变化对企业的影响，以及为了履行新的合规义务该部门（合规部门及业务部门）拟采用的措施方案。

（3）合规绩效的考核情况，包括不合规的情况和持续改进的方案建议。

（4）可能存在的不合规行为的数量和详细内容、原因分析及可能采取的纠正措施。

（5）合规管理体系有效情况、工作成果和是否能适应合规风险环境变化趋势等信息。

（6）与监管部门的接触情况，包括在危机处理与日常联系中需要向管理层反馈监管部门的意见要点。

（7）内部审计和合规部门监督活动的结果、下一步合规监督的重点。

## 第六节　合规文化

文化是一个非常广泛的概念，它可以表现在众多方面，但是当我们想要给它一个明确范围时，却又束手无策。有人说谈文化就是谈玄学，并质疑文化在合规管理中的作用，其实没有合规文化的合规管理，不过是虚有其表。

### 一、合规文化的概念和意义

合规文化是指企业在经营管理上长期传承、沉淀，被广大员工认同并自觉遵守的合规管理理念、合规价值观念和合规管理行为规范。合规文化的培养是合规管理能够切实发挥功效的基础。通过合规培训方式，如线上、线下的定期合规培训、合规交流，全员或部门的合规讲课互动等，合规部门不断向公司员工灌输合规的要求，使其形成合规的潜意识。对于一家致力于成为“百年企业”的公司，尤其需要发展和维护合规文化。

合规文化是合规制度的灵魂，企业应当不断发展和重申合规文化，将合规文化渗透到合规管理体系中，塑造潜移默化的合规环境，培养公司全员自觉合规的优良习惯。

## 二、发展合规文化

发展合规文化不能仅依靠合规部门的培训，关键在于管理层的支持。管理层应当对企业的各个领域所要求共同遵守的行为准则作出积极的、可见的、一致的和持久的承诺，培育主动合规以及良好互动的合规意识。“可见”是指承诺应当以书面形式作出，并向内部及外界传达；“一致”要求承诺内容需合乎行为准则，没有人可以享受特殊待遇；“持久”是指遵守行为准则的承诺在时间上应当具有持续性。

业务部门应积极接受合规培训，存在选择疑问时应寻求合规官的建议；业务部门的负责人应准确识别合规问题，及时向合规部门或合规工作人员咨询，按期提交合规报告；合规部门应及时和主动地识别、评估和监视合规风险情况，并给出合规报告。

1. 发展合规文化的措施

发展合规文化的措施包括发布一系列清晰的价值准则，并且管理层要积极实施和遵守价值准则，无论职位如何，处理相似情形时应保持一致，在监视、辅导和指导过程中以身作则，只有向企业上下明确了合规的价值观，并且管理层身先士卒地遵守，才能避免“破窗效应”，如果员工意识到管理层不过是说一套做一套、表里不一，那么合规价值观就无法得到真正落实。

对潜在员工进行适当的就业前评，在入职培训或新员工训练中强调合规和组织价值观，持续进行合规培训，包括更新培训内容、持续就合规问题进行沟通，只有用对人，才能做成事，人力资源领域的把关十分重要，企业可以聘请第三方机构对潜在员工的背景进行调查，确认员工的合规意识、诚信意识，如是否有犯罪记录、简历是否造假、诉讼记录、信用状况、有无商业利益冲突等，并根据不同情况采取不同措施，如终止录取、复核、录用，为企业合规氛围提供支持，在录取之后要不断对员工进行合规培训，最终保证员工认识到并有能力践行合规要求。

建立绩效考核体系，考虑对合规行为的评估，并将合规表现与工资挂钩，以实现合规关键绩效措施和结果，对合规管理业绩和结果予以明确认可，对故意或因疏忽而违反合规义务的情况给予即时和适当的惩罚，之所以这样做，是因为一个个行为串联起来会造成最后的结果，要评定每一个行为的责任，对于近乎不可避免的不合规情形，如共享单车违规停放问题，要作科学评价，不能苛求管理停放的人员，对于历史原因造成的不合规情形以及不合规后果滞后发生的情形要客观评价，避免发生不公。

在企业战略和个人角色之间建立清晰的联系，证明合规是实现企业存续发展目的所必不可少的，企业应就合规问题与各部门或个人进行公开和适当的沟通。以上说明的是合规仅靠奖惩是不够充分的，企业必须在制定经营发展战略时充分考虑部门或员工因为实施合规而产生的利益得失、需求和期望，如 P2P 平台的业务部门可能因为实施合规而影响业绩增长幅度，在制定业绩发展战略时就应当考虑这种情况的存在，避免“既要马儿跑又要马儿不吃草”的情况出现。

2. 合规文化形成的表现

合规文化的形成表现在以下几个方面。

（1）所有上述措施均得到充分实施。

（2）利益相关者（尤其是员工）相信上述措施已得到充分实施。

（3）员工充分了解与其自身活动和所在业务部门活动相关的合规义务。

（4）企业各层级按要求针对不合规情形进行了“自主”补救，并采取了相应措施。

（5）合规部门在企业内部得到重视，如拥有充分的资源和人员配置、相对独立性和较高的权限保障。

（6）员工可以并被鼓励向管理层报告不合规情况并提出自己的合规建议。

## 案例5.2：百度50多名员工因虚开发票被辞退[1]

2018年12月29日，百度职业道德委员会发出通知：因多次虚报打车发票，对涉案的55名违纪员工全部予以辞退。

外界对此意见不一，有的认为是小题大做，有的则认为规则应当遵守并被有效执行。笔者认为，问题的实质在于虚报发票的做法是否违背了企业的内部规范以及最重要的——企业的合规文化。根据有关媒体报道，事件起因是，百度推荐技术平台部及度秘事业部等55名员工通过微信群接受了不法出租车司机的服务，获得了票面金额高于实际打车金额的发票，他们拿着这些发票回公司报销，赚取了中间的差价。他们明知自己的行为是虚假报销，但仍然多次这样做。

合规文化既表现为一份份行为规范文件，又表现为无形的道德准则。合规文化是制度的灵魂，如果其不能得到维护，制度也将失去生命力。因此，百度辞退虚开发票的员工，有着天然的道德依据。要知道成功的企业各有不同，失败的企业则具有共同点，那就是文化根源上的腐朽。

## 第七节　合规管理的技术、手段、方法
### ——重视合规的过程及其工作底稿

合规管理首先要求企业明确合规年度计划，实施满足合规要求所必需的流程管控，包括确立一系列程序（或者说流程），并针对关键节点实施内部控制措施，如确定过程的目标，确立过程的准则，根据准则实施过程控制，记录必要的文件信息，确信过程已按计划实施。其次，企业还应实

① 刚刚，百度50多名员工因虚开发票被辞！财务问题成职业上升的根本！[EB/OL]．搜狐网，https://www.sohu.com/a/286707295_500670，2019-01-04.

施合规风险应对措施，关注变更合规年度计划的需要，并重新评审变更的后果，必要时采取措施以缓解任何不利影响。

在合规管理的流程方面，企业必须落实控制措施、管理合规义务和对应的合规风险，以实现预期。采取有效的控制措施确保满足合规义务，能够预防或发现不合规事件并纠正，充分而严格地设计各类、各层次的控制措施，以促进组织活动的正常开展和运行环境的完善，实现合规义务。在合理的情况下，这些控制措施应当被植入常规的组织过程，其中包括：制订清晰而实用并易于遵循的文件化运行方针、程序、流程和操作指示，管理系统和异常报告，审批程序，划分有冲突的角色和职责，实现流程自动化；制订年度合规计划、员工绩效计划，进行合规评估和审核，实施管理层的承诺、以身作则和促进合规行为的其他措施，对预期的员工行为（价值观和行为准则）进行主动、公开并经常的沟通。企业维护、定期评价并试验这些控制措施可以确保控制措施的持续有效。

企业在建立工作底稿方面应当考虑：将合规义务整合到流程中，包括计算机系统、表格、报告系统、合同和其他有法律约束力的文件，与企业的评审和其他控制职能保持一致，持续监视和测量，评估和报告（包括监督管理），以确保员工遵守程序，专门安排识别报告并上报不合规事件和不合规风险。

## 一、进行合规审查和评估

《中央企业合规管理指引（试行）》第二十条要求企业建立健全合规审查机制，将合规审查作为规章制度制定、重大事项决策、重要合同签订、重大项目运营等经营管理行为的必经程序，及时对不合规的内容提出修改建议，未经合规审查不得实施，即为公司的业务流程增加一双“合规的双眼”。用合规的眼光，从法律的角度，在业务模式的设计，具体业务操作的立项、审核、执行、中期检查、事后抽查等方面，融入合规审查的步骤。

1. 审查的项目范围

合规审查包括以下项目的审核：内部制度文件（新的企业制度的制定、已有企业制度的调整）、敏感业务活动、外包业务活动。

内部制度文件的审核包括内容的合规性、内容的一致性、制定程序的合规性、对企业合规管理体系的影响。制度内容的合规性，即从企业的合规义务出发，对制度的内容进行审查，发现和修改有可能导致企业违反合规义务的条款。制度之间内容的一致性，即审查不同制度之间可能存在的不一致和相互冲突的问题。制度制定程序的合规性，如公司章程的制定和修改需要经过股东会决议，否则会因为违反制定程序而无效。制度对企业合规管理体系的影响，在某些情况下，审查某项制度本身从合规角度来看没有问题，但是该制度可能对企业整体的合规管理体系造成不利影响。对规章制度进行梳理，将涉及员工切身利益的制度整理出来，并核实这些制度在制定过程中的相关文件，一旦发现存在程序不合规的情况，应及时改正完善。

敏感业务活动详见以下“合规重点领域”章节。

业务外包，是指企业利用专业化分工优势，将日常经营中的部分业务委托给本企业以外的专业服务机构或其他经济组织（以下简称承包方）完成的经营行为。然而企业的合规义务却无法外包，一旦发生不合规问题，企业应当承担责任。

根据《企业内部控制应用指引第13号——业务外包》第四条的规定：

“企业的业务外包至少应当关注下列风险：

（一）外包范围和价格确定不合理，承包方选择不当，可能导致企业遭受损失。

（二）业务外包监控不严、服务质量低劣，可能导致企业难以发挥业务外包的优势。

（三）业务外包存在商业贿赂等舞弊行为，可能导致企业相关人员涉案。”

企业应当对外包业务实施分类管理，通常划分为重大外包业务和一般外包业务。重大外包业务是指对企业生产经营有重大影响的外包业务。外包业务通常包括研发、资信调查、可行性研究、委托加工、物业管理、客户服务、IT服务等，企业应建立和完善业务外包管理制度，规定业务外包的范围、方式、条件、程序和实施等相关内容，明确相关部门和岗位的职责权限，强化业务外包全过程的监控，防范外包风险，充分发挥业务外包的优势。

外包业务活动的审核包括外包的决策及方案审批，企业应根据年度生产经营计划和业务外包管理制度，结合确定的业务外包范围，拟订实施方案，按照规定的权限和程序审核批准，重大业务外包方案应当提交董事会或类似权力机构审批。总之，企业应当权衡利弊，避免核心业务外包，控制和监视外包过程，尤其是运营外包，通常不会减轻企业的法律职责或合规义务。外包时，企业需要执行有效的尽职调查，以确保不会降低组织标准和对合规的承诺。对承包商进行适当控制，如第三方合规绩效考核，以确保其有效遵守合同。

承包方人选的审核，包括以下内容：①承包方是依法成立和合法经营的专业服务机构或其他经济组织，具有相应的经营范围和固定的办公场所。②承包方应当具备相应的专业资质，其从业人员符合岗位要求和任职条件，并具有相应的专业技术资格。③承包方的技术及经验水平符合本企业业务外包的要求。外包项目验收审核、业务外包合同执行完成后需要验收的，企业应当组织相关部门或人员对完成的业务外包合同进行验收，出具验收证明。验收过程中发现异常情况的，应当立即报告，查明原因，及时处理。

具体来说，企业应当收集承包方的信息，如要求承包方填写调查问卷，对承包方进行尽职调查。然后对承包方进行合规风险评估，并根据评估结果确定是否发包，或有条件发包，或拒绝发包。确定发包后应当与承包方签订合同，合同内容应当落实合规要求，包括：合规标准条款，如承包方在实施合同时守法的声明，反对商业贿赂、禁止利益冲突、保守商业机密，留存相关工作记录底稿的条款；发包人对承包人进行合规调查的权利；双方在合规上的联系人及定期合规会议安排；处罚措施及解除合同等违约责任条款。合同签订后，发包人应当根据合同对承包人进行持续监督，及时发现并处理承包人可能的不合规情形，有时企业可以设定举报热线来收集承包方的相关合规信息。同时，为了保证承包方的合规，企业也可以定期对承包方开展合规培训。

2. 定期审核的目的

定期审核的目的是发现和评估合规项目实施中的问题并提供相关建议进行改进，对合规项目的落实情况进行全面审查，当发现不合规现象时，应当采取以下措施：首先，对不合规现象作出反应，采取措施控制和纠正它及其可能产生的后果；其次，评价是否需要采取进一步的措施，消除不合规的根本原因，以避免再次发生或在其他地方发生。随着企业的发展以及法律法规的变化，企业经常无法及时对内部规章制度进行审查、补充及修订，从而导致某些曾经合法、有效、适用的规章制度面临不合法或无效的法律风险。因此，定期的合规审查就显得尤为重要。在审查中，如果发现内部规章制度有需要进行调整的地方，企业也应遵循内容合法、程序合法、有效公示的原则，进行相应的补充及修订。

## 二、建立违规举报途径，接受举报并对违规行为进行调查处理

《中央企业合规管理指引（试行）》第二十一条强化了违规问责，完善了违规行为处罚机制，明晰了违规责任范围，细化了惩处标准。应畅通举报渠道，针对反映的问题和线索，及时开展调查，严肃追究违规人员的责任。

完善的举报体系是实现有效合规管理的重要支撑，不合规行为有时是

以十分隐秘的方式进行的。因此，要想获得这些合规风险信息，举报制度就很重要，然而举报也面临重重困难，如社会习惯因素，即社会对举报行为的观念认识；企业文化，即企业是否支持举报；举报人的心理因素以及相关保障机制是否完善。因此，要建立一个成功的举报机制需要考虑多方面因素。一般来说，应根据企业的具体情况建立举报网络，并将举报纳入员工的合规培训中，使员工确立正确的观念认知。而且企业应该创建一个有效保障的举报环境，防止举报人被打击报复，一般可以采取设立举报电话、邮箱，或者联系人如人事、外部律师等措施，一旦举报人信息遭到泄露，由联系人负责。如果实名举报信息被泄露的风险过大，有时也应当允许匿名举报。收集、整理举报信息时不将举报人的动机列入考虑范围，根据举报的信息材料，按一定格式进行编写，如被举报人信息，涉及的项目、客户、违规行为、影响、证据材料等。如果需要进一步调查，则应当转给合规调查员。此外，如果因举报使企业成功追回损失的，企业应当设立奖励机制。

1. 实例：日本丸红株式会社（Marubeni）向合规问题咨询窗口进行举报或咨询的规则①

在 Marubeni 内部，举报和咨询原则上为实名制，集团公司将严守举报人秘密。但是，如通过 Marubeni Anti - Corruption Hotline 进行举报或咨询，则可以匿名。另外，“勇气之门”（安心咨询热线，旧称“勇气之门”）的外部顾问律师向合规委员会进行举报时，如举报人要求匿名，则予以匿名处理。

公司保证，举报人不会因通过职务编制途径或合规问题咨询窗口进行诚实的举报及咨询而受到任何不利影响。另外，集团分公司和分店合规工

① 资料来源：丸红株式会社官网，https://www.marubeni.com/cn/company/governance/measure/compliance/。

作人员将会做好指导和监督工作，让 Marubeni 集团公司的员工在 Marubeni 集团公司受到同样的保护。

举报人如果认为因通过职务编制途径或合规问题咨询窗口进行举报咨询而受到了不利影响，可向合规委员会进行咨询。接到本公司部门内部的举报或咨询时，合规咨询窗口原则上需向举报人就举报或咨询事项的处理内容给予反馈。

举报人当发现在合规方面有问题的行为时，原则上通过职务编制途径进行举报。为防备由于某种理由职务编制途径不起作用，Marubeni 设立了以下合规咨询窗口。

（1）勇气之门

面向本公司社员，为合规综合咨询窗口，包括合规委员会途径和外部顾问律师途径。

（2）Marubeni Anti - Corruption Hotline

面向 Marubeni 集团及商务合作伙伴，本热线为专门针对收受贿赂等重大犯罪的合规咨询窗口。建立员工行为准则，对员工进行合规培训教育。当在合规方面有问题发生时，应按下述规定给予应对。

集团、分公司、分店的合规主任在认识到在合规方面有问题时，应立即向合规委员会报告。合规委员会在收到报告后，需根据问题的性质，妥善地委托相关部门进行调查和应对。由合规委员会判断为重要的问题，应立即向社长及监察官报告。需要从公司整体的角度进行应对的问题，应迅速在合规委员会的指导下组成调查委员会等以查明真相。同时，合规委员会应对处理方法提出建议。

2. 对违规行为的调查

对于收到的举报，如果需要进一步调查，合规部门或合规调查部门应当立即展开调查，就调查的流程而言，合规部门应先根据举报问题的性质和复杂程度制订调查方案，方案中要列明被调查人的基本信息，执行调查的人员信息，调查的问题，调查可能涉及的相关资料、证人，调查可能用到的方法等。对于接触资料和人证，如果需要履行批准流程的，应当履行，以防止在调查中出现其他合规风险事件，如查阅内部文件只能在特定场所，并在特定人员的监管下进行，要严守保密措施，防止内部资料泄露。调查人员不仅要有胜任该任务的能力，如掌握充分的调查技巧和经验，最好是法律专业出身以防止出现违法调查行为，而且要符合客观中立的要求，不能与被调查的问题有利害牵涉。调查人员一般由两人组成，如果被调查问题比较复杂、牵涉面广，则应由多人组成，其中一人任首席调查员，负责组织开展调查。如果是公司高层的严重违法导致企业负有重大责任的，企业最好向监管机关通报，并由外部调查机构进行调查，因为在这种情况下，外部调查的客观性和可信度较高。

调查的重要部分就是调取证据，为了使证据能够具备合法性、真实性、关联性，得到监管机关的认可，调查要特别注意调取证据的程序问题。

（1）调查电子数据应注意的问题

调取电子数据的工作，建议咨询律师组织进行，需要保证证据收集过程的客观、收集的证据的完整真实性。电子证据是指电子邮件、电子数据交换、网上聊天记录、博客、微博、手机短信、电子签名、域名等或者存储在电子介质中的信息。判断电子证据是否有效，要从真实性、合法性、关联性、证据能力、证明力等方面进行分析。根据《最高人民法院关于民事诉讼证据的若干规定》的精神，电子证据的合法性需要合法主体以合法手段取得。实践中，有些公司会对员工在办公环境下使用电脑的情况进行监控，必要时可能以此种方式获取电子证据。根据目前已公开的案例，法院判断监控电脑获取证据的效力时会着重考虑员工所使用的电脑是否为公司所有，以及公司是否对电脑进行统一设置。对于公司配发的工作电脑，法院倾向于认为公司对其享有所有权及管理权，允许公司对工作电脑进行必要的监控，其中包括电脑中存储的非工作相关文件，且可以将监控或从工作电脑中拷贝的文件作为证据使用。如跨国企业空客，就要求员工使用公司配备的电脑进行办公，不得使用个人电脑存储公司文件，这一方面有助于防止商业泄密；另一方面也是为了方便开展证据调取。此外，为了防止证据被销毁，企业还需要完善信息系统，对调查对象采取禁止进入公司某些场所、接触某些文件、使用公司邮箱等措施。

（2）调查书面证据应注意的问题

审阅文件重要的是分析和判断，首先应确定审阅文件的范围，一般从与待查事实密切相关且又比较容易获得的资料入手，随着调查的深入再进一步调整，以提高效率。同时要注意保护证据的有效性。如前文所述，根据被查事项涉及民事或刑事范围的不同，对证据效力的要求也不同，往往在提取证据前就需要进行评估，以确认证据提取的程序、证据的保存、参与取证的人员等问题，避免证据被污染。对于不同类型的书面证据，其关注的要点也不同，如账目文件，要注意对财物收支的审批流程是否完善、财物的用途是否存在可疑、对应的合同是否实际履行、报销的发票内容是否合理等进行调查。同时，应注意电子财务序时账的应用，筛查重点科目、可疑支出，核查原始报销凭证、法律适用的问题。

（3）调取录音证据应注意的问题

根据《最高人民法院关于行政诉讼证据若干问题的规定》第十五条，当事人以视听资料作为证据的，应当提供存储该视听资料的原始载体。当事人以电子数据作为证据的，应当提供原件。电子数据的制作者制作的与原件一致的副本，或者直接来源于电子数据的打印件或其他可以显示、识别的输出介质，视为电子数据的原件。

第二十二条，人民法院调查收集的物证应当是原物。被调查人提供原物确有困难的，可以提供复印品或影像资料，提供复印品或者影像资料的，应当在调查笔录中说明取证情况。

第二十三条，人民法院调查收集视听资料、电子数据，应当要求被调查人提供原始载体。

第十二条，当事人向人民法院提供计算机数据或者录音、录像等视听资料的，应当符合下列要求：

（一）提供有关资料的原始载体。提供原始载体确有困难的，可以提供复印件；

（二）注明制作方法、制作时间、制作人和证明对象等；

（三）声音资料应当附有该声音内容的文字记录。

证据的证明力要求，录音证据应保持内容的完整性，能整体上反映出法律关系和案件事实的内容。关于未征得对方同意的录音、录像证据是否具有法律效力，情况较为复杂，需要看是否经“合法手段”取得，而对合法手段的认定，法院并没有普适的标准，往往是个案认定。因此，建议在律师指导下进行。需要注意的是，生活中所指的“偷拍、偷录”涉及情形也十分复杂，如果是使用窃听等设备，则可能违反相关法律法规，取证方将受到行政甚至刑事处罚。

(4) 制作访谈、询问笔录的问题

首先要做好访谈询问的准备，确定所有访谈的人员包括客户、供应商等第三方，不能有遗漏，尤其是针对可能串联的访谈对象，需要同时进行访谈。为了确定访谈的人员范围，必要时应当实地走访，通过工商信息的查询、公开信息的检索、人员背景的调查等工作整理分析背景信息，评估案件牵涉面。在繁复的资料中发现重要的疑点并制订清晰的调查方案，以在获得有价值信息的同时避免被无用信息所干扰。在涉及问题复杂且被调查人的行为较为隐蔽的情况下，在保密的前提下，可以提前接触知情的员工以获取信息。对于可能的主要责任人，则一般应最后接触，避免打草惊蛇。调查团队可以与公司人力资源部门合作，寻找了解情况且易于突破的核心员工，通过试探性接触，尝试获取其信任，如果能够成功“策反”关键员工，往往会为进一步调查提供非常有利的帮助。在访谈顺序上，同一事项中，需要访谈的对象可能包括直接的决策者、参与者、审批者，或者仅仅是对调查事项有可能知情的人。访谈的顺序一般来说可以遵循从次要到主要、从低级别到高级别、从外围到核心这样几个原则。在被调查人员人数众多的情况下，应该尽量保证多个调查团队在同一时间内平行访谈，这样能够有效避免具有利益关系的多名被调查人串通信息。通过合理安排访谈顺序，可以在访谈最核心的人物前，帮助调查人员尽可能地了解访谈对象，对其背景信息、在公司的身份，以及在调查事项中所处的位置和可能的动机都能够作出基本的判断，从而更有针对性地决定访谈策略。

其次应确定访谈的场所，一般要求场所的密闭性，以保证录音录像。

最后应注意访谈询问的技巧，古人审案有“五听”（语言表达、面部表情、陈述时呼吸、听觉、视觉）之说，通过对受审者的语气、神色、目光等进行判断，如果不能和访谈对象面对面接触，不能使用调查技巧向对方施加心理压力，将大大降低获取被调查人真实陈述的可能。必要时可以录音录像，但刑事证据的要求十分严格，需注意不要侵犯被访谈者的合法权益或违反其他规定，因此，建议在律师指导下进行。需要简要说明的是：不能进行诱导性提问，如“是……，不是……”，要让对方尽可能地全面叙述，即使对方存在隐瞒或编造的情况，也不要打断，要让对方尽可能多说，使其暴露前后矛盾之处。对于其回答，应全面记录，让其签字。

询问、访谈笔录的性质是书证，根据《最高人民法院关于民事诉讼证据的若干规定》，如果书证符合真实性、合法性、关联性原则，具有证据能力，可以作为证据使用。其中，访谈笔录的真实性是决定其证据能力的主要考虑因素，关于公司制作的访谈笔录，法律未就访谈笔录的形式作出规定，如需作为证据使用，应当要求访谈对象签字确认，必要时需要录音录像佐证。没有对方签字盖章的单方笔录一般不被认可。对于其他民事证据，受制于篇幅，这里仅要求保存原件，保持证据的完整性，其他问题建议咨询律师或监管机关。

（5）刑事犯罪的内部调查要求

要确定公司对发生的犯罪是否负有举证责任，判断是单位犯罪还是个人犯罪，因为员工可能会声称违法行为是职务行为，属于单位犯罪，由公司承担责任。

对于公司内部腐败问题，公司应积极收集证据，配合公安机关侦查，加快案件进程，避免久拖可能影响公司经营。对于证据的形式、关联性、真实性、合法性、证据证明力有无以及证明力大小而言，公司应咨询律师或司法机关。对于员工可能涉及商业贿赂犯罪的调查，公司需要注意收集单位是否承担责任的证据。还应当注意妥善保管证据，避免证据毁损灭失。

最后，在调查的基础上，结合众多证据，由调查员撰写调查报告，不一定要作出法律性的结论，也无须作出处罚建议，只需要全面记录收集到的情况，告知被调查者不能打击报复，其应继续遵守公司合规政策与外部法律法规。调查报告应当提交给需要知道的人，举报者和被调查者不应知道。

# 第六章　对合规管理体系的记录、绩效评价与改进

**《中央企业合规管理指引（试行）》规定：**

“第二十二条　开展合规管理评估，定期对合规管理体系的有效性进行分析，对重大或反复出现的合规风险和违规问题，深入查找根源，完善相关制度，堵塞管理漏洞，强化过程管控，持续改进提升。

“第二十三条　加强合规考核评价，把合规经营管理情况纳入对各部门和所属企业负责人的年度综合考核，细化评价指标。对所属单位和员工合规职责履行情况进行评价，并将结果作为员工考核、干部任用、评先选优等工作的重要依据。”

## 第一节　合规绩效考核

实行合规绩效考核首先应制定一系列可测量指标，这具有十分重要的意义，可以帮助企业对合规目标的实现进行测量，并量化合规绩效。该过程应考虑合规风险的评估结果，以确保各指标与企业的合规风险特征具有相关性。活动类指标有：经过有效培训的员工比例；监管部门联系的频率；反馈机制的使用（包括用户对那些机制价值的评论）；对于每项不合规，采取何种类型的纠正措施。反应类指标有：报告识别的问题和不合规的类型、区域和频率；不合规的后果，包括对经济补偿、罚款和其他处

罚、补救成本、声誉或员工时间成本影响的估价；报告和采取纠正措施的时间成本。预测类指标有：一定时期的不合规的风险，以目标的潜在损失/收益（收入、健康和安全、声誉等）测量；不合规趋势（基于过去趋势预测合规率）。

实行合规绩效考核，将合规表现与人事绩效挂钩，就是要对不履行合规义务的人（包括违规行为人与未能对违规行为采取防范措施的人）进行相应的惩戒。惩戒首先必须在法律允许的范围内进行，以免因为违反劳动法或其他法律而达不到目的，包括提供书面保证、降级降职、调职、最终解雇。这些处分应当与福利和奖励挂钩。对于受到警告被要求提供书面保证的，在一定期限内不能升职加薪。同时，调查的部门和作出处罚的部门必须分开，企业可以建立专门的纪律处分委员会来作出纪律处分决定，以保证处分的公正性。此外，团队中的不合规行为应与团队负责人的绩效挂钩，因为负责人有义务且有能力知道团队中谁的行为不合规。

## 第二节　对企业合规管理体系运行情况进行监视

### 一、合规监视的概念

合规监视是指为了评估合规管理体系的有效性和组织的合规绩效而收集信息的过程，包括监视合规管理体系和不合规行为两个方面，这里我们只论述第一个方面。发现不合规行为并对责任人进行处理并不代表企业因此就降低了合规风险，企业应当监视合规管理体系以确保实现合规绩效。

制订持续监视计划，设定监视过程、时间表、资源、要收集的信息。对合规管理体系的监视内容包括：培训的有效性；控制的有效性，如抽样检查测试输出；满足合规义务的职责分配；合规义务的时效性是否出现变化；确认原先处理合规缺陷的有效性；未如期执行内部合规检查的案例。

合规绩效考核的内容包括：该部门或个人是否存在不合规和“近乎不合规”（未造成负面影响的事件）；是否有未履行合规义务、未实现目标的事例；践行合规文化的情况；领先和滞后的指标。

监视的程序包括测试和监控两方面，前者要求对企业的业务产品进行定期抽样评估，确定合规情况与企业内部控制措施的有效性；后者要求进行日常的持续监督和审查分析，针对关键业务环境，结合风险指标，识别潜在的或已发生的合规风险事件或行为。完善的监视程序可以保证企业提前预防合规风险及其后果，并了解弥补合规管理体系的不足。然而在实践中，监视程序受制于企业的规模、业务等信息的复杂程度，始终是企业面临的困难之一。

监视需要对所有不合规行为作适当报告，应融入组织的常规报告中，在企业的合规政策和程序中清晰地设定报告义务。此外，企业只针对重大不合规和新出现的问题单独编写报告。尽管系统性和反复出现的问题特别重要，但是如果一次性不合规非常重大或故意为之，也需要予以同等重视。即使是一个小缺陷，也可表明当前过程和合规管理体系存在严重不足。如果不及时报告，可能导致人们认为缺陷不重要，使缺陷成为系统性问题。

## 二、信息的来源

信息收集是监视工作的基础部分，企业应当建立、实施、评价和维护用以寻求和接收反馈信息的程序，即重视信息收集的制度、流程的建立，以保证收集到的信息的质量。

反馈来源包括：①员工的反馈，要鼓励员工通过举报工具、热线电话、反馈、意见箱等反映并报告不符合法律和其他不合规的事件，并将报告视为积极的、不构成威胁的措施，而无须担心遭到报复；②客户的反馈，如通过投诉处理系统进行；③供应商的反馈，如在大疆公司反腐败报告中，供应商的反馈是重要证据；④监管部门的反馈，如通过过程控制日志和活动记录（包括电子版和纸质版）体现。

反馈内容包括：已有和新出现的合规问题；对行为是否合规的疑虑；持续的监管、组织的改进情况；对合规有效性和合规绩效的评论；等等。

## 三、记录

监视和绩效考核过程需要以企业合规活动记录为基础，并保证记录与合规管理体系一致、全面、准确、及时。记录是指对投诉、争议、疑似不合规以及解决它们的步骤进行记录和分类，并以确保清晰、容易辨认和可检索的方式保存，使其免于被增加、删除、修改、未经授权使用或隐藏。记录包括：合规绩效信息，如合规报告；来自相关方的投诉、解决方案和沟通；不合规及纠正和预防的措施的详细内容；对合规管理体系和采取措施的评审和审核的结果。上述信息是控制合规风险、维护改进合规管理体系所必需的，经过一定审核程序被确定为正式的文件。

应对这些记录文件根据法律法规、监管规定和企业内部规章的要求进行汇编，披露规定要求提交的内容，如上市公司需要披露公司治理结构的报告。记录的首要目的就是满足披露的要求。记录的范围应当包括合规管理所需要的信息以及合规管理工作生产的信息，前者如合规风险信息，后者则包括合规政策，合规风险清单，合规管理体系的目的、流程、结构，合规年度计划，合规预警记录，反馈信息记录，合规报告等文件，这些文件可以用来证明合规管理体系的有效性，并培训指导合规管理工作。总之，合规管理体系越完善，对记录的要求越高。

## 四、管理层对监视所得信息的评审

### 1. 评审的信息范围

管理层应当对监视所得信息进行评审，最终确定合规管理效果，评审需要考虑以前管理评审措施的状态、合规政策的充分性、合规目标实现的程度、资源的充分性、与合规管理体系相关的内外部问题的变化等信息。这些信息体现了各项趋势：不合格、纠正措施和解决的时间表；监视的结果；与相关方的沟通，包括投诉；评审的结果；持续改进的机会。

企业应当保留以上信息文件，包括不合规的性质和随后采取的任何措施、任何纠正措施的结果。而分析不合规所得的信息可以用来评估产品和服务绩效，改进、重新设计产品和服务，改变企业惯例和程序，对员工进行再培训，对通知相关方的必要性进行再评估，预防潜在不合规，对控制进行重新设计或评审，强化通知和上报步骤（内部和外部）。

2. 评审的流程

企业应定期安排评审，以提供信息，确定合规管理体系是否符合组织自身的准则和内控的建议。

评审流程的第一步是启动评审工作，确定评审的范围、途径、方法、阶段以及评审结果的形式，包括策划、建立、实施和维护评审方案，如频率、方法、职责、策划要求和报告，评审相关过程的重要性和前期审核的结果，界定评审准则和每次评审的范围；选择评审委员会，并进行审核，以确保评审过程的客观和公正；确保将评审结果报告给相关管理层；保留工作底稿即相关文件信息，作为实施评审方案和评审结果的证据。

评审流程的第二步是收集和审查相关记录文件（或者说工作底稿），既可以在现场收集，也可以通过调取系统内的电子数据收集。这些文件包括但不限于：合规政策，职责清单，与合规风险识别、评估、预警相关的文件，合规培训的文件，内部举报的相关资料。

评审流程的第三步是开展访谈，对包括首席合规官、业务部门负责人在内的合规管理领导人员进行访谈，了解他们对合规管理的评价以及工作中的合规管理情况，如企业是否有充分的合规政策为员工提供了行为指引，是否建立了相应的合规管理流程，是否定期检查和完善合规管理工作等。

评审流程的最后一步是对企业的合规管理体系进行分析评估，确定每个重要组成部分，如合规政策、合规流程、合规组织是领先还是落后，合规管理体系是否成熟，并提出下一步工作的建议。

## 第三节　合规管理有效性评估的具体方法：企业合规管理有效性自评

### 一、评价的内容

（1）内部环境评价。应当以组织架构、发展战略、人力资源、企业文化、社会责任等应用指引为依据（18 个内控基本领域），结合本企业的内部控制制度，对内部环境的设计及实际运行情况进行认定和评价。

（2）风险评估机制评价。应当以《企业内部控制基本规范》有关风险评估的要求，以及各项应用指引中所列主要风险为依据，结合本企业的内部控制制度，对日常经营管理过程中的风险识别（8 项权力中的合规风险）、风险分析、应对策略等进行认定和评价。

（3）控制活动评价。应当以《企业内部控制基本规范》和 18 个内控基本领域的指引为依据，结合本企业的内部控制制度，对相关控制措施的设计和运行情况进行认定和评价。

（4）信息与沟通评价。应当以内部信息传递、财务报告、信息系统等内控基本领域的相关应用指引为依据，结合本企业的内部控制制度，对信息收集、处理和传递的及时性，反舞弊机制的健全性，财务报告的真实性，信息系统的安全性，以及利用信息系统实施内部控制的有效性等进行认定和评价。

（5）内部监督评价。应当以《企业内部控制基本规范》有关内部监督的要求，以及各项应用指引中有关日常管控的规定为依据，结合本企业的内部控制制度，对内部监督机制的有效性进行认定和评价，重点关注监事会等是否在内部控制设计和运行中有效发挥了监督作用。

## 二、评价的程序

企业可以授权合规部门或其他专门机构负责内部控制评价的具体组织实施工作。内部控制评价程序一般包括以下几个方面。

（1）制订评价工作方案。企业内部控制评价部门拟订评价工作方案应明确评价范围、工作任务、人员组织、进度安排和费用预算等相关内容，报经董事会或其授权机构审批后实施。

（2）组成评价工作组。评价工作组应当吸收企业内部相关机构熟悉情况的业务骨干参加。评价工作组成员对本部门的内部控制评价工作应当回避。企业可以委托律师事务所等中介机构实施内部控制评价。

（3）实施现场测试。综合运用个别访谈、调查问卷、专题讨论、穿行测试、实地查验、抽样和比较分析等方法，充分收集被评价单位内部控制设计和运行是否有效的证据，按照评价的具体内容，如实填写评价工作底稿，研究分析内部控制缺陷。

（4）认定控制缺陷。内部控制缺陷包括设计缺陷和运行缺陷。企业对内部控制缺陷的认定应当以日常监督和专项监督为基础，结合年度内部控制评价，由内部控制评价部门进行综合分析后提出认定意见，按照规定的权限和程序进行审核后予以最终认定。重大缺陷应当由董事会予以最终认定。重大缺陷，是指一个或多个控制缺陷的组合，可能导致企业严重偏离控制目标。重要缺陷，是指一个或多个控制缺陷的组合，其严重程度和经济后果低于重大缺陷，但仍有可能导致企业偏离控制目标。一般缺陷，是指除重大缺陷、重要缺陷之外的其他缺陷。重大缺陷、重要缺陷和一般缺陷的具体认定标准，由企业根据上述要求自行确定。

（5）汇总评价结果。企业内部控制评价工作组应当建立评价质量交叉复核制度，评价工作组负责人应当对评价工作底稿进行严格审核，并对所认定的评价结果签字确认后，提交企业内部控制评价部门。企业内部控制评价部门应当编制内部控制缺陷认定汇总表，结合日常监督和专项监督发现的内部控制缺陷及其持续改进情况，对内部控制缺陷及其成因、表现形式和影响程度进行综合分析和全面复核，提出认定意见，并以适当的形式向董事会、监事会或者经理层报告。

（6）编报评价报告。企业应当根据年度内部控制评价结果，结合内部控制评价工作底稿和内部控制缺陷汇总表等资料，按照规定的程序和要求，及时编制内部控制评价报告。内部控制评价报告应当报经董事会或类似权力机构批准后对外披露或报送相关部门。企业对于认定的重大缺陷，应当及时采取应用指引，切实将风险控制在可承受范围之内，并追究有关部门或相关人员的责任。内部控制评价报告至少应当披露董事会对内部控制报告真实性的声明，内部控制评价工作的总体情况，内部控制评价的依据、范围、程序和方法，内部控制缺陷及其认定情况，整改情况及重大缺陷拟采取的整改措施，控制有效性的结论。

企业应当建立内部控制评价工作档案管理制度。内部控制评价的有关文件资料、工作底稿和证明材料等资料应当妥善保管。未能避免或发现一次不合规并不表明合规管理体系总体无效。

## 第四节　改进

为避免流于形式、发挥证据的有效性，管理层评审后要输出持续改进的决定和合规管理体系所需的任何改动的建议，其中包括：下一阶段企业的合规政策及其相关的目标、体系、结构和人员所需的改变；合规流程为确保与运行实践和体系有效整合所需的改变；未来需监视的潜在不合规的区域；不合规相关的纠正措施；认定当前合规体系和长期持续改进的目标之间的差距和不足；对企业内的合规行为典范进行宣传；未来人员培训的目标、内容和频率；组织应保留文件信息作为管理评审结果的证据，并应向管理部门提交副本。

不合规时应当采取以下相应措施：对不合规现象作出反应，采取措施控制并纠正它及管理这些后果；评价是否需要采取措施，消除不合规的根本原因，以避免再次发生；实施任何必要的措施；评审所采取的任何纠正措施的有效性；如必要，修改合规管理体系。再一次声明，未能避免或发现一次不合规并不一定意味着合规管理体系预防和发现不合规总体无效。企业应当持续改进合规管理体系的适用性、充分性和有效性。将合规报告中对已收集信息进行的分析和相应评价作为识别该组织合规绩效改进机会的依据。

## 一、建立合规管理相关的工作底稿

合规管理体系的运行应当包括有效运行所必需的文件信息：组织的合规政策；合规管理体系的目标、指标、结构和内容；合规职责和角色分配；相关合规义务登记；根据合规风险评估过程进行合规风险登记并确定优先处理顺序；记录下来的不合规和不当行为；年度合规计划；人事记录，包括但不限于培训记录；与监管报告要求相关的事项。工作底稿应当注意标示和描述（如标题、日期、作者、参考资料或版本号）、格式（如语言、软件版本和图形）和载体（如纸张、电子）、适用性和充分性的审和批准。

管理工作底稿的目的包括：保证何时何处需要时，便于、易于和适于取用；工作底稿能得到充分的保护（如避免泄露机密、不当使用或失去完整性）。

对此，企业需重点关注相关文件的分发、获取、检索和使用、保存和保持，包括字迹的保持，对变更的控制（如版本控制）、保留、处置和处理，文件的新建和控制中第三方的角色。对于确定的策划和运行合规管理体系所必需的外部来源的文件信息，必要时也应当予以识别和控制。

对信息的有效分类和管理至关重要。企业应当建立信息的分类、存储和检索系统。信息分类目录包括来源、部门、不合规描述、义务类别、指标、严重性、实际或潜在影响。信息管理系统需同时收集问题和投诉，并对合规相关的信息进行分类和分析。一旦收集了信息，需要对它进行分类、分析和精确评估，以识别根本原因和需采取的适当措施。分析宜考虑系统性和反复发生的问题，并进行改正或改进，因为这些合规风险重大，且难以识别。

## 二、理论研究：重视工作底稿的问题

### 1. 企业常见的合规内控问题

（1）内控合规表单重形式、轻内容

一是形式冗长，执行中无法起到实质性审查的作用；难以及时闭环、操作性差，同时增加了各岗位人员的工作量。

二是表单设计与业务不符，未能有效体现公司加强业务的实质性合规审查要求，存在“两张皮”现象。

三是合同表单设计单一，且形式化严重，未能根据各单位的经营特点以及合同管理中违规事件多发环节，对合同领域合规表单进行分类型的、有重点的设计，仅流于流程梳理。

四是单位对合规管理的认知不到位，存在对工作成果生搬硬套的现象。

（2）体系质量打折，标准下滑

一是制度建设内容不全面，尤其缺乏有关奖惩方面的内容。

二是手册编制工作标准有所下滑，质量与公司的建设要求存在一定的差距。

三是合规要求梳理不够精细，内部审核不够认真，存在不少细节问题。

（3）内控合规体系整体运行情况不佳

合同表单、决策表单未运行，未对内控合规文化进行充分宣贯，导致业务人员合规意识不足，无法实现内控合规的真正落地；未明确内控合规专兼职岗；未签署内控合规承诺书。

2. 改进

（1）切实做好消缺改进工作，对三大表单和手册的相关问题进行整改。

（2）推动信息化建设，实现系统建设与内控合规要求植入“双同步”。

（3）结合公司实际，拓展并深化体系建设。

（4）定期评价，促进内控合规体系持续提升。

（5）多渠道、多角度地开展文化宣贯与培训。

3. 着力点

（1）所有管理活动必须留下文件记录作为工作底稿

企业的所有管理活动都不能以口头的方式进行。这里的所有管理活动，并非指员工工作的每个动作和每个步骤，而是指以流程为对象的每个环节或节点。这里的“文件记录”是指书面的纸质文档或应用系统操作记录，虽然司法程序中证据的表现形式还包含录音、录像等，但是在企业经营活动中不能采用这种形式，否则会导致无迹可寻。目前监管部门也大多是审查企业的工作文件。

（2）文件记录必须符合一定的形式要求

形式要求是指对于纸质文档，需要加盖公司各类印章，或是公司各级领导的亲笔签字才可以，如果签字是以 Word 电子版本形式存在，则不能认为是有效的。对于应用系统操作记录，必须是各级人员在授予的既定权限内的操作结果记录，并且该结果是不可编辑的状态。

（3）文件记录必须形成逻辑链条

内部控制是“以流程为对象”，而流程是贯穿于业务活动的始末的，那么相应地，文件记录在流程运行的过程中必然会反映出前后发展的轨迹。对于单一的证据，变造、篡改、插入虚假页的成本很低，也很容易操作，但是流程中所有环节的诸多证据链条要想都弄虚作假，难度相当高。判断一项业务活动是否真实、有效，信息和数据是否准确，依据是否完备，文件记录之间必须形成逻辑链条。

（4）信息必须符合内控系统的控制方式

端到端的流程运行过程的文件记录中，各项表单、单据、文档或许是完整的，但其中记载的信息和数据在钩稽关系上、逻辑关系上仍会存在瑕疵。我们常说的物流、票据流、信息流、资金流的一致性就是对此最好的阐释。

## 第五节　员工合规培训

《中央企业合规管理指引（试行）》规定：

“第二十五条　建立专业化、高素质的合规管理队伍，根据业务规模、合规风险水平等因素配备合规管理人员，持续加强业务培训，提升队伍能力水平。

海外经营重要地区、重点项目应当明确合规管理部门或配备专职人员，切实防范合规风险。

“第二十六条　重视合规培训，结合法治宣传教育，建立制度化、常态化的培训机制，确保员工理解、遵循企业合规目标和要求。”

人员是合规管理体系的重要支柱，没有合格的人员，合规管理体系就无法正常运转，没有接受合规信仰的人员，合规文化就是“无源之水”。企业对员工进行合规培训的目标包括：确定员工具有在其控制下影响合规管理体系绩效必备的工作能力；确保这些员工在接受适当的教育、培训、工作经验的基础上能够胜任工作；采取措施对员工进行培训、指导或调岗，雇用或聘用称职人员；保存培训相关的文件信息，包括能力证明。具体来说，可以分为两部分内容：①基本合规知识培训，让员工知晓合规政策、工具、举报咨询等渠道。②专业合规风险培训，帮助员工掌握其岗位对应的风险类型。最终使得具有合规义务的所有员工都具备有效履行合规义务的能力素质，能通过多种方式获得此项能力素质，包括通过教育、培训或工作经历获取必需的技能和知识。最终确保所有员工有能力以与组织合规文化和对合规的承诺一致的方式履行职责。

合规培训的形式可以包括：线下面对面的培训，这种培训针对高风险的岗位；线上培训，适用于风险不高的岗位，可以保证培训的时间和空间的自由，为了检测掌握程度，还需要进行测试。

设计合理并得到有效实施的培训能帮助员工识别未见过的合规风险。这种教育培训应当针对与员工角色和职责相关的义务和合规风险量身定制，必要时以对员工知识和能力缺口的评估为基础；与员工的日常工作相关，并且以相关行业、组织或部门的情况作为案例，足够灵活运用，涉及各种技能，以满足组织和员工的不同需求，实用并易于员工理解；纳入企业的年度培训计划，持续向员工提供。并且为了保证达到上述要求，应当定期评估培训的有效性，及时更新，对培训应记录并保存，当发生职责改变，内部方针、程序和过程改变，企业结构改变，合规义务尤其是法律或相关方要求改变，活动、产品或服务改变时，应考虑是否需要进行合规再培训。

## 第六节　合规手册：合规内控的结晶

### ——以日本某企业合规手册为例

《中央企业合规管理指引（试行）》规定：

“第二十七条　积极培育合规文化，通过制定发放合规手册、签订合规承诺书等方式，强化全员安全、质量、诚信和廉洁等意识，树立依法合规、守法诚信的价值观，筑牢合规经营的思想基础。”

## 一、合规手册的编制

### 1. 如何编制合规手册

合规手册是公司合规内控工作的结晶，一般由企业的合规部门或第三方机构编写。在编写过程中，需要考虑企业的合规管理体系、经营管理情况，结合工作底稿编写。合规手册必须具有实用性，不能脱离实际。

### 2. 合规手册应包含哪几个领域

合规手册编制应因地制宜，但有共同的领域，如人权与劳动、资产管理与交易、反商业贿赂与腐败、知识产权、反不正当竞争、广告宣传、贸易、财务税务等方面。对于国外上市的中国企业，则还需要注意国外资本市场相关规则，如《环境、社会及管治报告》，即ESG报告，目前多个国家和地区都制定了ESG报告。2015年12月21日，香港联合交易所发布《环境、社会及管治报告指引》（以下简称《指引》），要求所有在港上市公司于2016年财政年度开始，参照修订后的《指引》发布环境、社会及管治（简称ESG）报告。《指引》分为环境和社会两个主要范畴，包括11个层面共43个一般披露及关键绩效指标，其中23个指标分阶段提升至“不遵守即解释”，等同于强制披露。包括以下几个方面。

①环境方面：碳及温室气体排放、环境政策、废物污染及管理政策、能源使用/消费、自然资源（特别是水资源）的使用和管理政策、生物多样性与合规性。

②社会方面：性别及性别平衡政策、人权政策及违反情况、社团（或社区）、健康安全、管理培训、劳动规范、产品责任合规性。

③治理方面：公司治理、贪污受贿政策、反不公平竞争、风险管理、税收透明、公平的劳动实践、道德行为准则合规性。

### 3. 合规手册的语言要求是什么

合规手册的语言应是法言法语或者通俗易懂的，总而言之，既要简明易懂，又必须在认识各国法律的共性与个性的基础上充分揭露合规风险，提供简单而有效的指引，这需要众多法律专业人士的共同努力。

4. 企业面对的国内外合规风险与合规制度是什么

从风险到应对措施，具体参见以下案例。

5. 合规手册该如何宣传和修订

合规手册制定出来就是为了给员工提供指引，因此必须保证员工能够了解其涉及的内容，对此我们可以向员工提供培训，接收员工的反馈意见，对表述、结构进行调整。此外，由于各国立法的变化，合规手册还需要针对新的情况进行修改，以保证其及时性。

## 二、日本某企业的合规手册

日本某企业合规手册的序言题目是“正、诚、新”，即坚守公正、诚实、创新。“如果遇到正义和追求利益只能二者择一时，要毫不犹豫坚守正义”。基于这一标准，企业制定并发行了合规手册，作为集团全体人员在执行日常业务中必须遵守的行动标准，并且每年都要求全体干部和员工以及（日本国内）集团成员公司的各社长就遵守合规手册进行宣誓。

违反全球商业标准的举报与禁止报复。员工及与业务相关的所有人若发现有违反或可能违反全球商业标准的行为并举报的，将予以奖励。举报渠道包括所属长、法务部门、人事部门、内部监察部门、总务部门、风险管理与合规部门内部举报窗口，每个渠道都有自己专门的监管范围和程序要求。当员工对应当采取何种正确行动没有把握时，可向所属长或法务部门寻求帮助。集团的合规计划最根本的一点是，大家能够举报违反或可能违反合规的行为，而不必担心遭到报复。集团不容许任何人因为举报而遭到报复，任何报复行为本身就是对全球商业标准的重大违反。

就具体内容而言，其提供了以下合规领域的行为规范。

## 示例6.1：日本某企业的合规手册

1. 尊重人权

1.1　人权尊重

集团支持人权的尊重和推进工作。我公司全体员工尊重人权。例如，在集团不容许作出如下行为：违背意愿强制他人劳动、强迫或容许童工劳动、违反业务所在国的劳动法的行为。

1.2　歧视或骚扰

集团员工由众多不同国籍、文化、宗教和其他富有个性的人员组成，员工多样性是集团的一项主要优势。尊重每个人的人权，不得有人种、肤色、宗教、信仰、性别、社会身份、地位、残疾、性取向等不正当的差别和歧视以及骚扰等侵犯人权的行为，不得容许、助长此类行为。我公司员工不容许因个性特征或滥用权力而引起的骚扰，而给个人尊严带来不利的影响。集团的雇佣决定是基于职务标准（教育、资格和经验）和能力（技能和绩效）而作出的，不会基于歧视作出。

1.3　健全的职场环境

集团致力于维护以相互尊重、相互信任和公平雇佣为基础的健全的职场环境。我公司员工保证每位员工都享有受到公平对待、关注和尊重的权利。

要求全体干部社员采取以下行为：鼓励积极主动、开放的沟通；展示富有表率作用的行为与成果；展示开放和诚实的作风；设定清晰而现实的目标，给予下属适当的责任和权力；营造易于员工沟通的氛围；营造始终遵守全球商业标准、员工可放心提出问题的环境；若发现违反或潜在违规合规的行为时，在自己积极举报的同时，鼓励其他人进行举报。在集团的工作环境中，应当杜绝一切骚扰或造成人际关系恶化的行为，不容许出现威胁、恐吓或暴力等行为。

2. 遵纪守法

2.1　对相关法律、法规的尊重与遵守

我公司全体员工尊重与遵守所有的相关法律、法规。违反法律或法规的行为，即便初衷是出于维护公司的利益，也是不可容忍的。我公司员工要尽力理解所有对我公司员工业务有影响的相关法律和法规，并努力确保我公司员工在所有行动中不违反这些法律。另外，我公司员工要理解并遵守与全球商业标准不相矛盾且被认为是合法、公平的当地风俗和商业习惯。我公司员工要与政府监管机构合作，针对调查或问询予以诚实、准确应对。

2.2　财务报告和社内记录

向股东、分析员、客户、债权人、其他人员提供有关集团的事业运营、业绩及前景等方面的可靠信息。记录管理与财务报告没有涂改与错误，对维护集团的信誉至关重要，而且需要预防财务违规行为甚至欺诈行为。集团内部编制的所有记录和报告必须准确、真实。这对于不管是为内部使用制作的记录、报告，还是外部刊登或分发的记录和报告，同样适用。

2.3　环境与产品

保护环境以及节约自然资源是集团重要的优先目标。为了达到这些目标，我公司员工要通过自身的环境管理体制，来满足适当的技术标准，并遵守所有相关法律和法规。我公司员工要对环境课程采取指引，并发挥更大的环境责任。例如，通过实施“Green Policy Innovation”（降低环境负荷项目），以减少集团全球的二氧化碳排放量，在产品开发过程中，环保的技术设计、技术安全和健康保障被当作关键要素，将循环利用和节能摆在集团业务中的关键位置。

我公司员工的所有产品都要根据合理的技术、安全和环境标准来生产，并遵守相关的法律、法规和专利合同。

2.4　健康与安全

集团致力于提供安全、健康的职场环境，并为预防事故采取适当的措施。我公司所有员工都有义务遵守健康、安全卫生和安全等各种方针政策。发生或有可能发生健康及安全问题时，要向相关部门报告。遵照社会规范、相关法律、法规，集团员工不能持有或销售非法药物，不能参与使用非法药物，不得在工作场所或开展业务过程中因使用药物或酒精而昏睡。上述有关集团安全、健康方面的宣言，适用于工作场所、设备、工作流程、职场安全管理体制及每个人的行为。我公司员工不仅对自身、同事的健康与安全，而且对与集团有业务往来的每个人的健康与安全都负有责任。

2.5 国际贸易产品和服务的进出口受到严格管制

部分产品、服务、软件和信息等不能向特定国家/地区、客户，或特定最终用户供应或出口。违反出口管理规定，有可能被处以包括罚款甚至个人监禁在内的重大惩罚。集团遵守所有与产品、服务、软件和信息相关的法律和法规。

2.6 洗钱

涉嫌恐怖主义、毒品交易、贿赂和诈骗等犯罪行为的人员，可能试图“清洗”其犯罪所得或隐瞒不正当所得。目前，很多国家/地区禁止因犯罪所得而进行的交易，为防止非故意洗钱，有义务建立安全保障措施。集团遵守所有与洗钱和恐怖主义相关的法律、法规，且只与从事合法业务活动的信誉良好的客户开展业务。

3. 公正的商业交易

3.1 公平竞争

竞争法与反垄断法旨在保护自由且公平的竞争，确保消费者的利益。这些法律适用于有业务的所在的国家/地区，部分法律也适用于境外。集团坚持公平、合法的竞争，无论在哪个国家开展业务，始终遵守所适用的竞争法。

这些法律很复杂，因此，在出现疑问或疑虑时，需要特别求助于法务部门等。通常情况下，妨碍竞争的行为有：与竞争者签订任何有关销售价格的协定；与经销商商量好销售集团产品和服务的价格；同意不参与竞争；与其他投标公司讨论竞标（串通投标）；参加市场分配（如同意分配特定客户或客户群体，或特定地区）达成产量或销量协议；为将竞争对手排挤出市场，以低于市场价格销售产品或服务（倾销）。

妨碍竞争的行为会带来非常严重的后果，如在欧盟，罚款最高可达全球营业额的10%，对负有罪责的个人判处监禁，排除在政府采购名单之外，声誉严重受损，对公司将来获取合同谈判造成严重的不利影响。

如果发现任何可能违反公平竞争原则的行为，请直接向法务部门等或所属长进行报告（必要时也可通过内部通报窗口报告），这一点很重要。很多国家/地区会对主动向执法主管部门提出的违法行为采取减轻处罚政策。

3.2 贿赂

集团凭借其产品、服务和解决方案的品质和价格进行竞争。集团员工或代表集团开展工作的所有人员不得直接或间接收受任何形式的贿赂。"贿赂"是指金钱或其他形式的任何好处。对于通过不正当的金钱关系获得优势的行为，集团是绝对不可接受的，而且会使个人及公司面临刑事起诉的危险。

以下任一行为均可视为贿赂或不当金钱关系：向政府官员或客户、员工提供金钱、货物或服务，或传达将予提供的承诺，为加快事务进程向官员或员工支付酬金、支付与所提供的服务不相称的佣金 。

我公司员工在与政府官员打交道时必须十分小心，在很多国家/地区，法律特别禁止向政府官员送礼或送现金。另外，部分行为对外国政府官员也是禁止的。

通过顾问、中介或其他第三方介绍的业务，第三方也必须完全遵守上述规则。

3.3 政府应对

集团会与各国政府及政府所持有的企业开展业务。在工作过程中，我公司员工频繁地与政府机构和官员打交道。在一切情况下，集团员工必须以最高的道德为标准，并遵守相关的法律和法规。

我公司员工，特别需要遵守以下事项：遵守通常与政府交易相关的特殊法律和法规要求。在与政府官员和机构打交道时保持诚信及正确性，确保报告、证书、声明和建议书有效、准确和完整，确保充分明确和理解合同要求，而且确保如果未经获得授权的政府官员书面批准，提供的产品及服务不得偏离合同实际要求，避免针对政府合同收取不正确或未经授权的费用。在与发展中国家或新兴市场，或者与以前从未进行交易的外国政府打交道时，必须格外小心。

如果与政府监管机构或执法机构接触，应当征求法律部的建议。

3.4　公平而合乎逻辑的采购

集团之所以能够运营并向客户提供产品和服务，集团的供应商在其中起着关键作用。集团供应商的道德表现也会引起集团的利益相关者的关注，其行为会对集团的声誉产生直接的影响。如果我公司员工的供应商未能达到集团的标准，在业务运营中将会损害集团的合规和诚信的目标。

我公司员工不仅要关注服务和价格，还要根据遵守所有相关法律要求的能力来慎重选择供应商。我公司员工要求供应商的行事方式也必须符合全球商业标准的原则和标准。

我公司员工还将确保集团不会不公平地对待供应商，也不会不公平地滥用自身相对于较小供应商所具备的规模优势。

3.5　市场营销与广告

对于集团来讲，声誉非常宝贵，这是在多年的业务运营中通过卓越服务和诚信作风取得的成就。为了维护我公司员工的声誉，所有的市场营销、广告和销售活动必须以合法和公平的方式描述我公司员工的产品和服务。禁止任何虚假、误导性或欺骗性的做法。必须以合乎法律和公司政策的方式，连贯一致地使用品牌和商标。

3.6 政治活动和媒体活动

有些国家的法律对企业向政治党派或政治家提供的政治赞助设定了严格的限制。如有违反，可能导致包括罚款或监禁在内的严厉处罚。进行赞助时，必须确认是否对集团的政治立场有恶劣的影响。

我公司员工不得代表集团向候选人、公务员或政治党派提供直接或间接的政治赞助，需要公司管理部门的书面授权。

我公司员工未经公司公关部门授权，不得代表集团向媒体发表评论或发出声明。

4. 保护并尊重知识产权

4.1 集团的知识产权保护

集团的知识产权是一项有价值的资产，是支撑我公司员工业务活动的重要经营资产，也是赢得客户信任的基础。我公司员工必须在工作中加强知识产权是作为支撑集团的事业活动以及让客户和合作伙伴安心的重要的经营资产的意识。我公司员工将尽一切努力获得和维护所有必要的知识产权，包括专利、版权和商标，并在发展业务的过程中有效地加以利用。

我公司员工特别需要遵守以下事项：明确和保护集团知识产权；遵守集团关于知识产权保护的所有方针政策；在向其他人透露集团专有信息或允许其他人使用集团知识产权之前，先咨询知识产权、法务部。

4.2 尊重第三方知识产权

如果未经授权而使用其他方的知识产权，可能会导致集团（以及集团内部人员）遭到民事诉讼和损害，包括重大罚款和刑事处罚。我公司员工尊重第三方的知识产权，而且只在获得其正当的使用权后使用。

我公司员工特别需要遵守以下事项：尊重第三方的著作权和其他受保护的知识产权；在使用其他方知识产权时，就必要的许可或承诺等咨询知识产权、法务部；建立保障措施，以免非故意披露任何先前雇主的专有信

息；尊重在保密协议项下，有限制条件而被提供的第三方知识产权（又见第5.3款）

5. 保守机密

5.1 一般原则

妥当处理信息对于集团的商业活动至关重要。因不注意犯下的过失而导致信息丢失或泄露，可能会带来巨大的声誉损害并受到批判。我公司员工必须遵守（由集团信息IT战略部门制定）集团信息安全政策，以及处理不同类型信息的相关规则。另外，我公司员工在日常工作中必须认识到数据安全的重要性，以免无意丢失或泄露机密信息或个人数据。

5.2 机密信息的保守

我公司员工在日常工作中接触的集团信息被视为机密信息，这些信息对于事业的成功也至关重要。机密信息包括关于商业事项、定价、研究与开发、产品、制造、人力资源、财务数据和专门技术等信息。

为了保守机密信息，我公司员工必须采取充分的措施，保障和保护集团的机密信息，确保我公司员工未经遵循正确的程序不向公司以外的任何人披露此等信息（例如，确保签署了具有约束力的保密协议）。

集团的机密信息只用于集团的业务，只有在集团业务直接需要的情况下才制作集团信息的记录、副本或数据库。尊重和保护集团的机密信息，即使我公司员工与集团的雇佣关系已经结束。

5.3 保护机密的客户信息或第三方信息

我公司员工会受客户或者业务伙伴的有关合同内容的委托，进行机密信息的公开和提供。像这样的第三方的机密信息（他公司机密信息），在使用目的、管理方法、期限等方面，每个合同都有各种各样的条件约束。我公司员工要注意在处理的过程中不得违反合同规定的保密义务。

5.4 个人信息的处理

集团致力于根据当地法律保护其员工、客户、供应商和其他方的个人数据。在为任何目的收集和保管个人数据的过程中，我公司员工将根据所有相关法律和法规，以妥当的方式处理、管理和使用此类个人信息。

我公司员工特别需要遵守以下事项：尽力了解和理解关于那些影响我公司员工工作活动的个人数据的法律和法规；理解和遵守自己公司对个人数据的保护政策；只为合法业务目的收集、使用和处理个人数据；可以使用匿名数据时，尽量使用匿名数据而非个人数据；将个人数据的访问权局限于为合法业务目的而需要个人数据的人员；注意预防个人数据的意外丢失或销毁，如果发现有非法使用个人数据的或丢失、破坏个人数据的行为，则立即采取合适的处置措施，妥当管理个人数据，必须以合法的方式并在妥当保障措施的保护下进行跨国家/地区的个人数据转移 。

6. 不以权谋私

6.1 一般原则

我公司员工不得利用在公司的地位、职务、公司信息、公司设施或资产，或违背自身职责，为自己、亲戚、朋友或其他第三方谋求或获取好处。

6.2 利益冲突

无论工作时或工作外，我公司员工自身利益不得与对集团的责任相冲突。避免因优先个人利益，作为集团员工却不能作出适当决定的情况发生。即使疑似冲突也可能造成损害，在有可能引起冲突的情况下，我公司社员必须谨慎处理。

需要注意的方面包括：容易造成利益冲突或容易被陷入利益冲突的业务外的活动或有经济利益的关系；在工作时间内及使用集团的资源或设施进行集团业务之外的其他活动（包括市民活动、慈善活动或非营利活动，必须要征得所属长的许可）；利用通过集团工作得到的机会谋求个人利益；在社外工作担任董事（即使是非营利组织，也有向集团寻求帮助或期待得到集团帮助的情况）；接受客户或潜在客户提供的赠礼、折扣或招待；与朋友或家人所有或经营的企业进行交易；雇用、提升或直接管理家人或亲密朋友。

集团员工必须主动向其所属长汇报任何实际或疑似的利益冲突，并尽可能与所属长商议并记录，有效地避免利益冲突。我公司员工不得参与损害集团声誉的业务外的活动，例如，不得在在线公告板或社交网站上发布关于本公司的不当消息。

6.3　赠予与接待

在进行下列活动之前，我公司员工必须充分理解及遵守本公司关于赠予与接待的方针：赠予或接受赠予，接待客户或收受其他利益。但是，在本公司方针允许的范围内，我公司员工在得到所属长的事前许可的前提下，可以接受赠予或其他利益。如果被认为是不当的赠予、接待或其他利益时，我公司员工不得进行接受行为。

6.4　内幕交易

内幕交易的相关法律规定，禁止进行在未被广泛公开的重要信息（内部信息）的基础上的企业证券买卖行为。公司致力于支持公平和公开的证券交易，

我公司员工在雇佣期间禁止利用从集团或第三方获得的内部信息进行股票或其他证券交易，也不得向其他方披露此类信息。

我公司员工需遵守以下事项：不得利用内部信息，直接或间接买卖含集团在内的企业或集团的金融产品；不得根据内部信息推荐或暗中唆使他人购买金融产品；集团信息必须保密。

6.5　公司资产保护

集团的资产是用于推进事业的。公司资产受损、被盗、滥用或浪费会对集团的运营和财务状况造成负面影响，最终也会对每个员工造成影响。

我公司员工不会为了集团业务推进以外的任何目的使用、出售、出租或处置包括软件、硬件，或其他包括设备、网络或设施在内的公司资产。

我公司员工仅在正当业务目的上使用公司资产。不得利用公司的机器或系统访问、下载包含不当内容的信息，在各公司的信息安全管理规定中制定了更加详细的规则，必须理解并遵守这些规定。

# 第七章　重点领域的合规管理规定

《中央企业合规管理指引（试行）》规定：

“第十二条　中央企业应当根据外部环境变化，结合自身实际，在全面推进合规管理的基础上，突出重点领域、重点环节和重点人员，切实防范合规风险。

“第十三条　加强对以下重点领域的合规管理：

“（一）市场交易。完善交易管理制度，严格履行决策批准程序，建立健全自律诚信体系，突出反商业贿赂、反垄断、反不正当竞争，规范资产交易、招投标等活动。

“（二）安全环保。严格执行国家安全生产、环境保护法律法规，完善企业生产规范和安全环保制度，加强监督检查，及时发现并整改违规问题。

“（三）产品质量。完善质量体系，加强过程控制，严把各环节质量关，提供优质产品和服务。

“（四）劳动用工。严格遵守劳动法律法规，健全完善劳动合同管理制度，规范劳动合同签订、履行、变更和解除，切实维护劳动者合法权益。

“（五）财务税收。健全完善财务内部控制体系，严格执行财务事项操作和审批流程，严守财经纪律，强化依法纳税意识，严格遵守税收法律政策。

“（六）知识产权。及时申请注册知识产权成果，规范实施许可和转让，加强对商业秘密和商标的保护，依法规范使用他人知识产权，防止侵权行为。

“（七）商业伙伴。对重要商业伙伴开展合规调查，通过签订合规协议、要求作出合规承诺等方式促进商业伙伴行为合规。

“（八）其他需要重点关注的领域。”

## 第一节 市场交易

### 一、商业贿赂

1. 定义

合规中的商业回扣、贿赂问题是企业面临的传统合规风险，属于全球性问题。美国于20世纪70年代颁布了《海外反腐败法》（FCPA），在全球范围内打击美国公司的商业贿赂行为，影响重大。此外，OECD组织也出台了《关于打击国际商业交易中行贿外国公职人员行为的公约》，协调各成员体共同反对商业贿赂。在中国，商业回扣和贿赂不仅规定在反不正当竞争法中，还规定在刑法中，违法企业除了承担行政责任外还可能承担刑事责任。行贿者与受贿者都要承担刑事责任。包括：①非国家工作人员受贿罪、对非国家工作人员行贿罪；②单位受贿罪、单位行贿罪、对单位行贿罪；③行贿罪；④介绍贿赂罪；等等。数额较大的，处三年以下有期徒刑或者拘役；数额巨大的，处三年以上十年以下有期徒刑，并处罚金。

2. 风险判断信号

企业在商业交往中提供或接受礼品及邀请时需要注意区分贿赂与馈赠的界限。

(1) 发生财物往来的背景，如双方是否存在亲友关系及历史上交往的情形和程度。

（2）往来财物的价值。

（3）财物往来的缘由、时机和方式，如提供财物方对于接受方有无职务上的请托。

（4）接受方是否利用职务上的便利为提供方谋取利益。

（5）财物。商业贿赂中的财物，既包括金钱和实物，又包括可以用金钱计算数额的财产性利益，如提供房屋装修、含有金额的会员卡、代币卡（券）、旅游费用等。具体数额以实际支付的资费为准。收受银行卡的，无论受贿人是否实际取出或者消费，卡内的存款数额一般应被全额认定为受贿数额。使用银行卡透支的，如果由给予银行卡的一方承担还款责任，透支数额也应当被认定为受贿数额。

（6）不正当目的。在招标投标、政府采购等商业活动中，违背公平原则、给予相关人员财物以谋取竞争优势的，属于“谋取不正当利益”。在行贿犯罪中，“谋取不正当利益”是指行贿人谋取违反法律、法规、规章或者政策规定的利益，或者要求对方违反法律、法规、规章、政策、行业规范的规定，提供帮助或者方便条件。

3. 相关案例

中国互联网行业腐败问题。互联网公司的内部腐败远比我们想象的要更悠久、更普遍。以下列举了中国互联网领域近年来披露出的腐败问题。

（1）百度①

2012 年 8 月，百度内部通报了 4 起案件，涉及社区搜索部、公共事务部、知识搜索产品市场部 3 个部门，主要牵扯这些部门的个别员工私下与外部人员勾结收费删帖，相关人员已被刑事拘留。

---

① 资料来源：盘点 BAT 反腐三大事件：企业内部反腐刻不容缓！［EB/OL］. 搜狐网，https://www.sohu.com/a/115048430_499079，2016－08－25。

2014 年 11 月，百度内部通报查处 4 起涉嫌职务侵占、商业受贿的违规行为，涉及游戏事业部、搜索资源合作部、品牌展示广告部、展示广告运营规划部、联盟发展部 5 个部门。百度游戏事业部原总经理廖俊、搜索资源合作部原负责人王庆伟、品牌展示广告部原经理陈刚、展示广告运营规划部原客服主管林汉超、联盟发展部原总经理马国林 5 人涉案。

2015 年 5 月 12 日，百度向公司内部发邮件通报了包括渠道部高级总监宇晖、企业市场部高级总监金治、大客户销售部副总监陈祯锋、渠道部高级经理赵志勇、百糯成渝云贵大区总监王林、百糯成渝云贵大区销售主管蒋青苓和董生敏、百糯西安分公司销售王磊在内的 8 人名单，向全体员工通报了“阳光职场”行动中查处的 8 名员工涉嫌职务侵占、商业受贿的重大职业道德违法行为。

2016 年 9 月 18 日，百度发出邮件通报，列举了 17 起内部严重违纪案件，总计开除 30 名员工，涉及包括为商家刷单、骗取公司补贴款、虚报会议费用、占据推广费、与合作伙伴大额往来、篡改搜索排名、受贿、弄虚作假冲业绩等违规行为。

（2）阿里巴巴①

2011 年 2 月 21 日，阿里巴巴 B2B 公司宣布，为维护公司“客户第一”的价值观及诚信原则，2010 年公司清理了约 0.8%，即逾千名涉嫌欺诈的“中国供应商”客户，公司 CEO 卫哲、COO 李旭晖因此引咎辞职。

2012 年 7 月 5 日，阿里巴巴集团发布公告称，经杭州警方确认，聚划算原总经理阎利珉因涉嫌“非国家工作人员受贿罪”，已被刑事拘留。2013 年 8 月，聚划算原总经理阎利珉因接受价值 53.8 万元人民币的贿赂，被法院判处有期徒刑七年。其余 4 名聚划算前员工分别被判处一年零九个月到五年零六个月不等有期徒刑。

① 资料来源：刚刚，阿里高管被调查！[EB/OL]. 搜狐网，https://www.sohu.com/a/280005774_100039012，2018 - 12 - 06。

2014年，阿里集团人力资源部原副总裁王某，因受贿260余万元被法院判处八年零六个月有期徒刑，而行贿者李某乃其早年同窗好友，也因行贿罪被判四年有期徒刑。

2015年3月24日，26家淘宝店铺因其不正当谋利，被阿里巴巴作出永久关店的处罚。这是继淘宝于2012年5月公布了首批被永久关店并已进入司法程序的9家网商名单后，阿里巴巴的又一次反腐行动。

2016年7月，阿里影业副总裁、淘票票总经理孔奇因贪污受贿罪被警方带走，受贿金额预估在千万元以上。

2017年4月，阿里巴巴集团廉正合规部发布处罚公告，宣布永久关闭平台上36家以不正当手段谋取利益的商家店铺。这些店铺试图通过“潜规则”甚至违法犯罪手段谋求不正当利益，违背了诚信经营原则，依规被永久关闭店铺，情节严重的还被追究法律责任。

（3）腾讯①

2014年7月，腾讯一名员工收受西安一家代理商贿赂人民币数十万元。该员工已被解除劳动合同，并被移送至公安机关处理，行贿方和外部犯罪嫌疑人也被警方抓获。

2014年12月，腾讯反舞弊团队内部调查证实，一名员工参股外部公司并担任该公司商务总监一职，另有一名总监在职期间持股两家与腾讯有合作关系或竞争关系的公司且未申报。两名员工已被解除了劳动关系。

2015年3月，腾讯一名员工违规为外部用户解封QQ号码，共收取好处费人民币数十万元。该员工已被解除了劳动关系，并被移送到公安机关处理，检察院已对收受代理商贿赂的员工批准逮捕。

曾担任腾讯网络媒体拓展部和在线视频部总监的岳雨，于2014年2月离开腾讯，加盟阿里巴巴。2014年9月，因被控任职腾讯期间与多名下属

① 资料来源：BAT内部反腐案例——刑事手段如何打击公司内部腐败，https://www.fabao365.com/zhiwufanzuibianhu/163049/。

侵占公司数百万元，同时还伙同时任公司在线视频部总经理的刘春宁受贿70万元，在深圳被警方抓获。岳雨被判职务侵占罪与非国家工作人员受贿罪，数罪并罚，执行有期徒刑九年。

## 二、垄断

我们通常说的垄断行为包括垄断协议、市场支配行为、经营者集中3种。近年来，高通、苹果等跨国公司在华都受到商务部发起的反垄断调查与相应处罚。

### 1. 垄断协议

垄断协议，是指排除、限制竞争的协议、决定或者其他协同行为。

(1) 风险

根据《中华人民共和国反垄断法》第十三条、第十四条的规定，禁止具有竞争关系的经营者达成以下垄断协议：固定或者变更商品价格；限制商品的生产数量或者销售数量；分割销售市场或者原材料采购市场；限制购买新技术、新设备或者限制开发新技术、新产品；联合抵制交易；经营者与交易相对人之间固定向第三人转售商品的价格；限定向第三人转售商品的最低价格。

(2) 后果

根据《中华人民共和国反垄断法》第四十六条的规定，经营者违反本法规定，达成并实施垄断协议的，由反垄断执法机构责令停止违法行为，没收违法所得，并处上一年度销售额百分之一以上百分之十以下的罚款；尚未实施所达成的垄断协议的，可以处五十万元以下的罚款。

### 2. 滥用市场支配地位

市场支配地位，是指经营者在相关市场内具有能够控制商品价格、数量或者其他交易条件，或者能够阻碍、影响其他经营者进入相关市场能力的市场地位。

（1）风险

根据《中华人民共和国反垄断法》第十七条的规定，禁止具有市场支配地位的经营者从事下列滥用市场支配地位的行为：以不公平的高价销售商品或者以不公平的低价购买商品；没有正当理由，以低于成本的价格销售商品；没有正当理由，拒绝与交易相对人进行交易；没有正当理由，限定交易相对人只能与其进行交易或者只能与其指定的经营者进行交易；没有正当理由搭售商品，或者在交易时附加其他不合理的交易条件；没有正当理由，对条件相同的交易相对人在交易价格等交易条件上实行差别待遇。

（2）后果

根据《中华人民共和国反垄断法》第四十七条的规定，经营者违反本法规定，滥用市场支配地位的，由反垄断执法机构责令停止违法行为，没收违法所得，并处上一年度销售额百分之一以上百分之十以下的罚款。

3. 经营者集中

经营者集中，是指经营者通过合并、资产购买、股份购买、合同约定（联营、合营）、人事安排、技术控制等方式取得对其他经营者的控制权，或者能够对其他经营者施加决定性影响的情形。

（1）风险

根据《中华人民共和国反垄断法》第二十条的规定，经营者集中是指下列情形：（一）经营者合并；（二）经营者通过股权或者资产的方式取得对其他经营者的控制权；（三）经营者通过合同等方式取得对其他经营者的控制权或者能够对其他经营者施加决定性影响 。

第二十一条规定，经营者集中达到国务院规定的申报标准的，经营者应当事先向国务院反垄断执行机构申报，未申报的不得实施集中。

（2）后果

根据《中华人民共和国反垄断法》第五十条的规定，经营者违反本法规定实施集中的，由国务院反垄断执法机构责令停止实施集中、限期处分股份或者资产、限期转让营业以及采取其他必要措施恢复到集中前的状态，可以处五十万元以下的罚款。此外，经营者实施垄断行为，给他人造成损失的，还需依法承担民事责任。

## 案例7.1：高通反垄断案①

2015年，国家发展改革委对美国高通公司开出中国反垄断历史上金额最大的罚单——60.88亿元人民币。高通不舍得失去中国市场，对此认罚。本案既涉及反不正当竞争法和反垄断法，又涉及专利法，内容复杂，调查难度极大。

总部位于美国的高通公司，是全球无线通信技术的领导者，在CDMA、WCDMA、LTE无线通信标准必要专利许可市场和基带芯片市场具有支配地位。该公司多年来通过对国内的手机制造商按整机售价的5%收取不合理的专利许可费（业内称之为“高通税”），以及要求这些手机制造商进行反向专利许可等滥用市场支配地位的行为，获取了巨额利润。数据显示，高通公司2013年通过芯片销售和许可费在全球获得248亿美元的收入，而其中近一半来自中国。可以说，中国已成为高通公司全球最大、最重要的市场之一。

2013年，国家发展改革委根据举报启动了对高通公司的反垄断调查。在持续一年多的反垄断调查过程中，高通公司多次派团队到国家发展改革委接受调查询问，进行陈述申辩和提交相关材料，利用舆论质疑反垄断调查的合规性、合理性，聘请包括我国学者在内的专家出具报告，发表对其有利的言论。经调查取证和分析论证证实，高通公司向中国企业实施了包括收取不公平的高价专利许可费、搭售非无线通信标准必要专利许可、在基带芯片销售

① 资料来源：https://baike.sogou.com/v101659010.htm? fromTitle=高通反垄断案。

中附加不合理条件3项滥用市场支配地位的行为。对此，中国反垄断部门不仅对高通实施了巨额罚款，还使其专利收费模式进行了重大改变。

## 三、不正当竞争

《中华人民共和国反不正当竞争法》规定了经营者的种种不当行为和责任，以下列举了常见的几种。

1. 虚假宣传欺诈消费者

（1）风险

根据《中华人民共和国反不正当竞争法》第八条的规定，禁止经营者对其商品的性能、功能、质量、销售状况、用户评价、曾获荣誉等作虚假或者引人误解的商业宣传，欺骗和误导消费者。经营者不得通过组织虚假交易等方式，帮助其他经营者进行虚假或者引人误解的商业宣传。

（2）后果

《中华人民共和国反不正当竞争法》第二十条规定，对其商品作虚假或者引人误解的商业宣传，或者通过组织虚假交易等方式帮助其他经营者进行虚假或者引人误解的商业宣传的，由监督检查部门责令停止违法行为，处二十万元以上一百万元以下的罚款；情节严重的，处一百万元以上二百万元以下的罚款，可以吊销营业执照。属于发布虚假广告的，依照《中华人民共和国广告法》的规定进行处罚。

2. 侵犯商业秘密

商业秘密，是指不为公众所知悉、具有商业价值并经权利人采取相应保密措施的技术信息和经营信息。

（1）风险

《中华人民共和国反不正当竞争法》第九条规定，侵犯商业秘密的行为包括以下几个方面：

一是以盗窃、贿赂、欺诈、胁迫或者其他不正当手段获取权利人的商业秘密；

二是披露、使用或者允许他人使用以前项手段获取权利人的商业秘密；

三是违反保密义务或者违反权利人有关保守商业秘密的要求，披露、使用或者允许他人使用其所掌握的商业秘密；

四是教唆、引诱、帮助他人违反保密义务或者违反权利人有关保守商业秘密的要求，获取、披露、使用或者允许他人使用权利人的商业秘密。

经营者以外的其他自然人、法人和非法人组织实施前款所列违法行为的，视为侵犯商业秘密。

第三人明知或者应知商业秘密权利人的员工、前员工或者其他单位、个人实施本条第一款所列违法行为，仍获取、披露、使用或者允许他人使用该商业秘密的，视为侵犯商业秘密。

（2）后果

《中华人民共和国反不正当竞争法》第二十一条规定，侵犯商业秘密的，由监督检查部门责令停止违法行为，处十万元以上一百万元以下的罚款；情节严重的，处五十万元以上五百万元以下的罚款。

3. 诋毁商誉

（1）风险

《中华人民共和国反不正当竞争法》第十一条规定，经营者不得编造、传播虚假信息或者误导性信息，损害竞争对手的商业信誉、商品声誉。

（2）后果

《中华人民共和国反不正当竞争法》第二十三条规定，损害竞争对手商业信誉、商品声誉的，由监督检查部门责令停止违法行为、消除影响，处十万元以上五十万元以下的罚款；情节严重的，处五十万元以上三百万元以下的罚款。

4. 网络经营的不当行为

（1）风险

《中华人民共和国反不正当竞争法》第十二条规定，经营者利用网络从事生产经营活动，不得利用技术手段，通过影响用户选择或者其他方式，实施下列妨碍、破坏其他经营者合法提供的网络产品或者服务正常运行的行为：未经其他经营者同意，在其合法提供的网络产品或者服务中，插入链接、强制进行目标跳转；误导、欺骗、强迫用户修改、关闭、卸载其他经营者合法提供的网络产品或者服务；恶意对其他经营者合法提供的网络产品或者服务实施不兼容；其他妨碍、破坏其他经营者合法提供的网络产品或者服务正常运行的行为。

（2）后果

经营者违反《中华人民共和国反不正当竞争法》第十二条规定，妨碍、破坏其他经营者合法提供的网络产品或者服务正常运行的，由监督检查部门责令停止违法行为，处十万元以上五十万元以下的罚款；情节严重的，处五十万元以上三百万元以下的罚款。

此外，《中华人民共和国反不正当竞争法》第十七条规定，经营者违反本法规定，给他人造成损害的，应当依法承担民事责任。经营者的合法权益受到不正当竞争行为损害的，可以向人民法院提起诉讼。因不正当竞争行为受到损害的经营者的赔偿数额，按照其因被侵权所受到的实际损失确定；实际损失难以计算的，按照侵权人因侵权所获得的利益确定。经营者恶意实施侵犯商业秘密的行为，情节严重的，可以在按照上述方法确定数额的一倍以上五倍以下确定赔偿数额。赔偿数额还应当包括经营者为制止侵权行为所支付的合理开支。经营者违反本法第六条、第九条规定，权利人因被侵权所受到的实际损失、侵权人因侵权所获得的利益难以确定的，由人民法院根据侵权行为的情节判决给予权利人五百万元以下的赔偿。

## 案例7.2：QQ大战360①

2010年10月14日，腾讯起诉北京奇虎、360等公司共同实施了不正当竞争行为，请求法院判令三被告立即停止涉案不正当竞争行为，公开赔礼道歉，消除影响，连带赔偿原告经济损失400万元。

法院经审理认为，“360隐私保护器”只针对QQ软件进行监测，具有唯一针对性，双方客户群同一，存在竞争关系。

“360隐私保护器”监测提示用语和界面用语以及“360网”上存在的评价和表述，带有较强的感情色彩，并具有负面评价效果和误导性后果，不符合诚实信用的商业准则，构成商业诋毁。

本案确立了互联网行业商业言论与商业诋毁的界限：不可以对他人的经营行为轻易地作出非法评判。

**四、招投标**

招投标法对招投标的范围和程序作出了具体规定，并规范了招投标的过程。

1. 强制招投标

(1) 风险

根据《中华人民共和国招标投标法》第三条规定，对于大型基础设施、公用事业等关系社会公共利益、公众安全的项目，全部或者部分使用国有资金投资或者国家融资的项目，使用国际组织或者外国政府贷款、援助资金的项目以及法律或者国务院要求实施招投标的项目，其勘察、设计、施工、监理以及与工程建设有关的重要设备、材料等的采购，必须进行招标。

(2) 后果

《中华人民共和国招标投标法》第四十九条规定，必须进行招标的项

① 资料来源：https://baike.baidu.com/item/腾讯360之争/7181338？fr=aladdin。

目而不招标的，将必须进行招标的项目化整为零或者以其他任何方式规避招标的，责令限期改正，可以处项目合同金额千分之五以上千分之十以下的罚款；对全部或者部分使用国有资金的项目，可以暂停项目执行或者暂停资金拨付；对单位直接负责的主管人员和其他直接责任人员依法给予处分。

2. 透露标底

（1）风险

根据《中华人民共和国招标投标法》第二十二条规定，招标人不得向他人透露已获取招标文件的潜在投标人的名称、数量以及可能影响公平竞争的有关招标投标的其他情况。招标人设有标底的，标底必须保密。

（2）后果

依法必须进行招标的项目的招标人向他人透露已获取招标文件的潜在投标人的名称、数量或者可能影响公平竞争的有关招标投标的其他情况的，或者泄露标底的，给予警告，可以并处一万元以上十万元以下的罚款；对单位直接负责的主管人员和其他直接责任人员依法给予处分；构成犯罪的，依法追究刑事责任。投标人因此中标的，中标无效。

3. 串通投标

（1）风险

根据《中华人民共和国招标投标法》第三十二条、第三十三条规定，串通投标行为包括以下几个方面：

一是投标人相互串通投标报价，排挤其他投标人的公平竞争，损害招标人或者其他投标人的合法权益。

二是与招标人串通投标，损害国家利益、社会公共利益或者他人的合法权益。

三是投标人以向招标人或者评标委员会成员行贿的手段谋取中标。

四是投标人以低于成本的报价竞标，以他人名义投标或者以其他方式弄虚作假，骗取中标。

(2) 后果

根据《中华人民共和国招标投标法》第五十三条规定，投标人相互串通投标或者与招标人串通投标的，投标人以向招标人或者评标委员会成员行贿的手段谋取中标的，中标无效，处中标项目金额千分之五以上千万之十以下的罚款。对单位直接负责的主管人员和其他直接责任人员被处单位罚款数额的百分之五以上百分之十以下的罚款；有违法所得的，并处没收违法所得；情节严重的，取消其一年至二年内参加依法必须进行招标的项目的投标资格并予以公告，直至由工商行政管理机关吊销营业执照；构成犯罪的，依法追究刑事责任。同时，给他人造成损失的，还应当依法承担赔偿责任。

## 五、合同

合同，是指企业与自然人、法人及其他组织等平等主体之间设立、变更、终止民事权利义务关系的协议，也是经营者意思自治的领域。

### 1. 合同管理风险

企业合同管理至少有如下风险：

(1) 订立合同

一是应订立书面合同而未订立，导致纠纷出现时得不到司法机关保护。

二是员工未经授权对外订立合同，给公司造成损失。

三是合同对方主体资格未达要求，包括内设机构、处于破产程序中、无相应业务资质、无行为能力等情形，可能导致合同无效或缔约目的无法实现。

四是合同内容存在重大疏漏和欺诈，可能导致企业合法权益受到侵害。

五是合同用章不当，出现纠纷。

六是合同违反法律、行政法规，不仅无效还可能受处罚。

七是合同存在恶意串通损害国家、社会利益等无效的法定情形。

（2）合同履行

一是企业自身或相对人未全面履行合同引起纠纷。

二是语言多义导致价款计算差异。

三是结算人员、方式流程、时间、产品质量约定不明导致履行出现争议。

四是监控不当，存在瑕疵履行，未能及时纠正，超过诉讼时效可能导致企业诉讼失败、经济利益受损。

五是合同未约定保密措施，导致商业秘密泄露。

（3）纠纷处理

一是合同纠纷处理不当，包括诉讼代理人能力不足、诉讼策略失败导致不利后果。

二是未派人出庭导致缺席判决，可能损害企业利益、信誉和形象。

应对措施：企业应当加强合同管理，确定合同归口管理部门，明确合同拟订、审批、执行等环节的程序和要求，定期检查和评价合同管理中的薄弱环节，采取相应的控制措施，促进合同有效履行，切实维护企业的合法权益。企业对外发生经济行为时，除即时结清方式外，应当订立书面合同。

2. 合同订立流程

（1）合同订立阶段

调查：合同订立前，应当充分了解合同对方的主体资格、信用状况等相关内容，确保对方当事人具备履约能力。对于影响重大、涉及较高专业技术或法律关系复杂的合同，应当组织法律、技术、财会等专业人员参与谈判，必要时可聘请外部专家参与相关工作。谈判过程中的重要事项和参与谈判人员的主要意见，应当予以记录并妥善保存。

起草：合同文本一般由业务承办部门起草，重大合同或法律关系复杂的特殊合同应当由法律部门参与起草。企业应当按照自愿、公平原则明确，并根据协商、谈判等的结果，拟订合同文本，做到条款内容完整、表述严谨准确、相关手续齐备，避免出现重大疏漏。对于常用合同领域，企业也可以组织业务与合规部门起草示范文本。需注意的是，有些合同需要报经国家有关主管部门审查或备案。

审核：企业应当确定合同的审核标准及流程，建立合同退改重审制度。审核重点关注合同的主体、内容和形式是否合法，合同内容是否符合企业的经济利益，对方当事人是否具有履约能力，合同权利和义务、违约责任和争议解决条款是否明确等。对影响重大或法律关系复杂的合同文本，应当组织内部相关部门进行审核。相关部门提出不同意见的，应当认真分析研究，慎重对待，并准确无误地加以记录；必要时应对合同条款作出修改。

授权签署：作为法人，企业建立签字授权代理制度十分重要。正式对外订立的合同，应当由企业法定代表人或由其授权的代理人签名或加盖有关印章。授权签署合同的，应当签署授权委托书。属于上级管理权限的合同，下级单位不得签署。下级单位认为确有需要签署涉及上级管理权限的合同，应当提出申请，并经上级合同管理部门批准后办理。上级单位应当加强对下级单位合同订立、履行情况的监督检查。企业应当建立合同专用章保管制度。合同经编号、审批及企业法定代表人或由其授权的代理人签署后，方可加盖合同专用章。

**延伸思考问题：法定代表人使用法定代表人章为自己签订合同，法定代表人章的效力如何认定？公司在订立合同时使用法定代表人章会发生对法定代表人个人的约束力吗？**

保密：企业应当加强合同信息安全保密工作，签订保密协议，未经批准，不得以任何形式泄露合同订立与履行过程中涉及的商业秘密。

（2）合同的履行阶段

履行：企业应当遵循诚实信用原则严格履行合同，监控合同履行情况及效果。

补充：合同生效后，企业就质量、价款、履行地点等内容与合同对方没有约定或者约定不明确的，可以协议补充；不能达成补充协议的，按照国家相关法律法规、合同有关条款或者交易习惯确定。

变更解除：在合同履行过程中发现有显失公平、条款有误或对方有欺诈行为等情形，或因政策调整、市场变化等客观因素已经或可能导致企业利益受损的，应当按规定程序及时报告，并经双方协商一致，按照规定权限和程序办理合同变更或解除事宜。

结算：企业财会部门应当根据合同条款审核后办理结算业务。未按合同条款履约的，或应签订书面合同而未签订的，财会部门有权拒绝付款，并及时向企业有关负责人报告。

登记管理：合同管理部门应当加强合同登记管理，充分利用信息化手段，定期对合同进行统计、分类和归档，详细登记合同的订立、履行和变更等情况，实行合同的全过程封闭管理。

评估：企业应当建立合同履行情况评估制度，至少于每年年末对合同履行的总体情况和重大合同履行的具体情况进行分析评估，对于分析评估中发现合同履行中存在的不足，应当及时加以改进。企业应当健全合同管理考核与责任追究制度。对合同订立、履行过程中出现的违法违规行为，应当追究有关机构或人员的责任。

（3）争议解决

争议报告：企业应当加强合同纠纷管理，在履行合同过程中发生纠纷的，应当依据国家相关法律法规，在规定时效内与对方当事人协商并按规定权限和程序及时报告。企业内部授权处理合同纠纷的，应当签署授权委托书。纠纷处理过程中，未经授权批准，相关经办人员不得向对方当事人作出实质性答复或承诺。对于上市公司，达到重大诉讼标准的，还应当对外披露。

争议解决：合同纠纷经协商一致的，双方应当签订书面协议。合同纠纷经协商无法解决的，应当根据合同约定选择仲裁或诉讼方式解决。不得同时约定诉讼及仲裁，约定仲裁时，要使仲裁机构具体可确定，明确仲裁机构的名称，最好不要只约定仲裁地，否则该地有两个以上仲裁机构的，可能导致约定不明而无效。需注意的是，使用来自外部的合同模板时应注意该模板约定的仲裁机构和仲裁地。

## 案例7.3：长安信托内鬼案①

2013 年，长安信托北京业务信托原经理刘某宇负责中国银行北京分行委托的两个信托项目，从事资金中介业务的陈某华找到刘某宇，以好处费为诱饵，怂恿刘某宇在几个债券投资项目的配资工作上为其提供帮助。

由于中小企业私募债的审批、发行门槛较低，对发债企业的资质、经营等方面的要求也相对较低，出于风险控制等方面考虑，银行一般不愿意将资金投资于这个领域，这两个信托项目也不例外。而对于急需资金流的中小企业，更希望能通过私募债券募集资金。这一情况给了许多中介机构市场，为此，这些中介机构往往会采取灰色手段为雇主促成此事。

刘某宇虽明知手中两个信托计划禁止将资金用于中小企业私募债，却没能抵挡住利益诱惑，答应陈某华运作此事。

双方的合作始于上海机电私募债券项目。当时，上海机电发行了 1.5 亿元的私募债，一直没能获得认购。按照陈某华的要求，刘某宇将信托合同和资产管理中的投资范围改为允许投资私募债的合同发给某资管公

① 资料来源：震惊！信托公司现“内鬼”涉案资金超 8 亿元，80 后信托经理拿千万“回扣”！[EB/OL]. 搜狐网，https://www.sohu.com/a/290056121_168424，2019-01-18。

司的对接人，提交公司审核时又偷换为没有问题的合同，最终蒙混过关，以手中的信托计划认购了上海机电的私募债，获取巨额报酬。

不久之后，中孚电力和华新新能源也遭遇私募债没人认购的困境，涉及金额2.5亿元和4.5亿元。中介机构再次找到刘某宇寻求帮助。刘某宇再一次施展偷梁换柱的手法，私自修改限制性条款，与中介机构控制的公司签订资产管理合同，以手中两个信托计划资金认购了这两家公司的私募债。此外，为了掩盖资金实际投资方向，刘某宇及中间人还伪造了虚假的信托资产估值表。直到上海机电债券未能如期兑付才东窗事发，此时，长安信托才发觉。本案暴露了长安信托合规内控上的漏洞，同样偷梁换柱的手法竟然连续两次获得成功。

据刘某宇的供述，他先把信托计划的项目合同作了修改，交由公司合规部审核盖章。待拿到盖章后的合同，再将里面规定投资范围的那一页抽出来，换成“允许投资私募债”的那一页，把禁止条款“不包括中小企业私募债”更改为“中小企业私募债”，删除下面关于证券评级要求的限制，并拉大整页行距，待对方盖完章后再换回来给公司存档，由此完成偷梁换柱的过程。试想一下，如果长安信托有健全有效的合同管理制度，落实了审核、跟踪、定期回馈的要求，也不会等上海机电无法兑付时才发现问题。据笔者了解，不少信托公司都存在岗责设置问题，有的公司专设打印合同的办公室，只有三五个人，从流程里导出合同打印，直接盖章，如果是对方盖好章的，那就逐条核对，一两个工作日才能盖出章来，因此很难发现其中的问题。

这个案子再一次向我们强调了有效的合规内控制度的重要性，唯有如此，才能防止偷梁换柱等低级手法蒙混过关。

## 六、采购

采购，是指购买物资（或接受劳务）及支付款项等相关活动。

企业采购业务至少可能存在下列合规风险：

（1）采购计划安排不合理，多头执行采购，未能预测市场变化趋势，造成库存短缺或积压，导致企业生产停滞或资源浪费。

（2）供应商选择不当，采购方式不合理，招投标或定价机制不科学。

（3）采购行为违反法律行政法规。

（4）采购未经审批授权，存在舞弊，导致采购物资质次价高或遭受欺诈。

（5）采购验收不规范，账实不符。

（6）付款不当，导致企业出现资金损失。

应对措施：企业应当结合实际情况，全面梳理采购业务流程，完善采购业务相关管理制度，统筹安排采购计划，明确请购、审批、购买、验收、付款、采购后评估等环节的职责和审批权限，按照规定的审批权限和程序办理采购业务，建立价格监督机制，定期检查和评价采购过程中的薄弱环节，采取有效控制措施，以确保物资采购满足企业生产经营需要。

1. 购买阶段

集中、轮换：设立采购业务岗位责任制，避免多头采购或分散采购，以提高采购业务效率、降低采购成本、堵塞管理漏洞。办理采购业务的人员应定期进行岗位轮换。企业除小额零星物资或服务外，不得安排同一机构负责办理采购业务全过程。

申请：企业应当建立采购申请制度及流程，依据购买物资或接受劳务的类型，确定归口管理部门，授予相应的请购权，明确相关部门或人员的职责权限及相应的请购和审批程序。对于重要和技术性较强的采购业务，应当组织相关专家进行论证，实行集体决策和审批。具有请购权的部门对于预算内采购项目，应当严格按照预算执行进度办理请购手续，并根据市场变化提出合理采购申请。对于超预算和预算外采购项目，应先履行预算调整程序，由具备相应审批权限的部门或人员审批后，再行办理请购手续。

审核：企业可以根据实际需要设置专门的请购部门，对需求部门提出的采购需求进行审核，并进行归类汇总，统筹安排企业的采购计划。

准入：企业应当建立科学的供应商准入、考核、奖惩、淘汰制度，确定合格供应商清单，与选定的供应商签订质量保证协议，建立供应商管理信息系统，对供应商提供物资或劳务的质量、价格、交货及时性、供货条件及其资信、经营状况等进行实时管理和综合评价，根据评价结果对供应商进行合理选择和调整。企业可委托具有相应资质的中介机构对供应商进行资信调查。

方式：企业应当根据市场情况和采购计划合理选择采购方式。大宗采购应当采用招标方式，合理确定招投标的范围、标准、实施程序和评标规则；一般物资或劳务等的采购可以采用询价或定向采购的方式并签订合同协议；小额零星物资或劳务等的采购可以采用直接购买等方式。

价格：企业应当建立采购物资定价机制，采取协议采购、招标采购、谈判采购、询比价采购等多种方式合理确定采购价格，最大限度地减小市场变化对企业采购价格的影响。对于大宗采购等，应当采用招投标方式确定采购价格，对于其他商品或劳务的采购，应当根据市场行情制定最高采购限价，并对最高采购限价适时调整。招投标的程序须由合规部门参与，以保证程序合规，防止舞弊。

订立合同：企业应当根据确定的供应商、采购方式、采购价格等情况拟订采购合同，准确描述合同条款，明确双方的权利、义务和违约责任，按照规定权限签订采购合同。企业应当根据生产建设进度和采购物资特性，选择合理的运输工具和运输方式，办理运输、投保等事宜。

验收：企业应当建立严格的采购验收制度，确定检验方式，由专门的验收机构或验收人员对采购项目的品种、规格、数量、质量等相关内容进行验收，出具验收证明。涉及大宗和新、特物资采购的，还应进行专业测试。验收过程中发现异常情况时，负责验收的机构或人员应当立即向企业有权管理的相关机构报告，相关机构应当查明原因并及时处理。

监督：企业应当加强物资采购供应过程的管理，依据采购合同中确定的主要条款跟踪合同履行情况，对有可能影响生产或工程进度的异常情况，应出具书面报告并及时提出解决方案。企业应当做好采购业务各环节的记录，实行全过程的采购登记制度或信息化管理，以确保采购过程的可追溯性。

2. 付款阶段

审核：企业应当加强采购付款的管理，完善付款流程，明确付款审核人的责任和权力，严格审核采购预算、合同、相关单据凭证、审批程序等相关内容，审核无误后按照合同规定及时办理付款。企业在付款过程中，应当严格审查采购发票的真实性、合法性和有效性。发现虚假发票的，应查明原因，及时报告处理。企业应当重视采购付款的过程控制和跟踪管理，发现异常情况的，应当拒绝付款，避免出现资金损失和信用受损。企业应当合理选择付款方式，并严格遵循合同规定，防范付款方式不当带来的法律风险，保证资金安全。

预付款项：企业应当加强预付账款和定金的管理。涉及大额或长期的预付款项，应当定期进行追踪核查，综合分析预付账款的期限、占用款项的合理性、不可收回风险等情况，发现有疑问的预付款项，应当及时采取措施。

会计控制：企业应当加强对购买、验收、付款业务的会计系统控制，详细记录供应商情况、请购申请、采购合同、采购通知、验收证明、入库凭证、商业票据、款项支付等情况，确保会计记录、采购记录与仓储记录核对一致。企业须指定专人通过函证等方式，定期与供应商核对应付账款、应付票据、预付账款等往来款项。

退货：企业应当建立退货管理制度，对退货条件、退货手续、货物出库、退货货款回收等作出明确规定，并在与供应商的合同中明确退货事宜，及时收回退货货款。涉及符合索赔条件的退货，应在索赔期内及时办理索赔。

## 案例7.4：大疆公司反腐败案①

2019年年初，大疆公司发布内部反腐败公告，在公告中提到，内部员工贪腐之所以被发现还是因为2018年公司进行的管理改革，意外发现在供应商引入决策链条中的研发人员、采购人员、品控人员大量存在腐败行为，其他体系也存在销售、行政、售后等人员利用手中权力谋取个人利益的现象。2018年供应链贪腐造成平均采购价格超过合理水平的20%以上，保守估计造成的损失超过10亿元人民币。

内部反腐公告显示，涉案主要手法有以下几个方面：

（1）让供应商报底价，然后伙同供应商接口人往上加价，加价部分双方按比例分成。

（2）利用手中权力以技术规格要求为由指定供应商或故意以技术不达标把正常供应商踢出局，把可以给一定比例回扣的供应商押镖进短名单，长期拿回扣。

（3）故意以降价为借口，淘汰所有正常供应商，让可以给回扣的短供应商进短名单后涨价，双方分成。

（4）利用内部信息和手中权力引入差供应商，并和供应商串通收买研发人员，在品质不合格情况下不进行物料验证，导致差品质、高价格物料长时间独家供应。

（5）内外勾结，搞皮包公司，利用手中权力以皮包公司接单，转手把单分给工厂，将中间差价分成。

截至2019年1月底，大疆共处理涉嫌腐败和渎职人员45人，其中涉及供

① 资料来源：《吕龙、伊丹非国家工作人员受贿二审刑事判决书》，广东省深圳市中级人民法院，（2019）粤03刑终2660号。

应链决策腐败的研发、采购人员最多，共计26人；销售、行政、设计、工厂涉案共计19人。问题严重、移交司法处理的有16人，另有29人被直接开除。

## 七、资产交易与管理

资产，是指企业拥有或控制的存货、固定资产和无形资产，这里不包括知识产权。

1. 资产交易

风险：

（1）资产交易存在腐败行为如关联交易、利益输送。

（2）对于特殊企业而言，其资产交易要履行相关程序而未履行，可能导致交易无效，而且会招致其他严重后果。

根据《中华人民共和国企业国有资产法》的规定，进行资产交易时，国有企业应注意以下行为，包括但不限于：

转让：国有资产转让应当有利于国有经济布局和结构的战略性调整，防止国有资产损失，不得损害交易各方的合法权益。国有资产转让应当遵循等价有偿和公开、公平、公正的原则。

价格评估：国有独资企业、国有独资公司和国有资本控股公司合并、分立、改制，转让重大财产，以非货币财产对外投资，清算或者有法律、行政法规以及企业章程规定应当进行资产评估的其他情形的，应当按照规定对有关资产进行评估。国有资产转让应当以依法评估的、经履行出资人职责的机构认可或者由履行出资人职责的机构报经本级人民政府核准的价格为依据，合理确定最低转让价格。

交易场所：除按照国家规定可以直接协议转让的以外，国有资产转让应当在依法设立的产权交易场所公开进行。转让方应当如实披露有关信息，征集受让方；征集产生的受让方为两个以上的，转让应当采用公开竞价的交易方式。转让上市交易的股份依照《中华人民共和国证券法》的规定进行。

利益输送：国家出资企业的关联方不得利用与国家出资企业之间的交易谋取不当利益，不得损害国家出资企业利益。国有独资企业、国有独资公司、国有资本控股公司不得无偿向关联方提供资金、商品、服务或者其他资产，不得以不公平的价格与关联方进行交易。国家出资企业，是指国家出资的国有独资企业、国有独资公司，以及国有资本控股公司、国有资本参股公司。关联方，是指本企业的董事、监事、高级管理人员及其近亲属，以及这些人员所有或者实际控制的企业。未经履行出资人职责的机构同意，国有独资企业、国有独资公司不得与关联方订立财产转让、借款的协议，或为关联方提供担保，或与关联方共同出资设立企业，或者向董事、监事、高级管理人员或者其近亲属所有或者实际控制的企业投资。

2. 资产管理

在资产管理领域，企业至少应当关注下列风险：

一是存货积压或短缺，可能导致流动资金占用过量、存货价值贬损或生产中断。

二是固定资产更新改造不够、使用效能低下、维护不当、产能过剩，可能导致企业缺乏竞争力、资产价值贬损、安全事故频发或资源浪费。

三是无形资产缺乏核心技术、权属不清、技术落后、存在重大技术安全隐患，可能导致企业法律纠纷、缺乏可持续发展能力。

四是内外勾结，转移资产。

应对措施：企业应当加强各项资产管理，全面梳理资产管理流程，及时发现资产管理中的薄弱环节，切实采取有效措施加以改进，并关注资产减值迹象，合理确认资产减值损失，不断提高企业资产管理水平。加强各项资产的投保工作，采用招标等方式确定保险人，降低资产损失风险，防范资产投保舞弊。

（1）存货方面

技术方法：企业应当采用先进的存货管理技术和方法，规范存货管理流程，明确存货取得、验收入库、原料加工、仓储保管、领用发出、盘点处置等环节的管理要求，充分利用信息系统，强化会计、出入库等相关记录，确保存货管理全过程的风险得到有效控制。

岗位责任：企业应当建立存货管理岗位责任制，明确内部相关部门和岗位的职责权限，切实做到不兼容岗位相互分离、制约和监督。企业内部除存货管理、监督部门及仓储人员外，其他部门和人员接触存货，应当经过相关部门特别授权。

入库验收：企业应当重视存货验收工作，规范存货验收程序和方法，对入库存货的数量、质量、技术规格等方面进行查验，验收无误方可入库。外购存货的验收，应当重点关注合同、发票等原始单据与存货的数量、质量、规格等核对一致。涉及技术含量较高的货物，必要时可委托具有检验资质的机构或聘请外部专家协助验收。自制存货的验收，应当重点关注产品质量，通过检验合格的半成品、产成品才能办理入库手续，不合格品应及时查明原因，落实责任，报告处理。以其他方式取得存货的验收，应当重点关注存货来源、质量状况、实际价值是否符合有关合同或协议的约定。

保管：企业应当建立存货保管制度，定期对存货进行检查，存货在不同仓库之间流动时应当办理出入库手续。应当按仓储物资所要求的储存条件贮存，并健全防火、防洪、防盗、防潮、防病虫害和防变质等管理规范。加强生产现场的材料、周转材料、半成品等物资的管理，防止浪费、被盗和流失。对代管、代销、暂存、受托加工的存货，应单独存放和记录，避免与本单位存货混淆。结合企业实际情况，加强存货的保险投保，保证存货安全，合理降低存货意外损失风险。企业应当根据各种存货采购间隔期和当前库存，综合考虑企业生产经营计划、市场供求等因素，充分利用信息系统，合理确定存货采购日期和数量，以确保存货处于最佳库存状态。

发出领用：企业应当明确存货发出和领用的审批权限，大批存货、贵重商品或危险品的发出应当实行特别授权。仓储部门应当根据经审批的销售（出库）通知单发出货物。

记录核对：企业仓储部门应当详细记录存货入库、出库及库存情况，做到存货记录与实际库存相符，并定期与财会部门、存货管理部门进行核对。

盘点清查：企业应当建立存货盘点清查制度，结合本企业实际情况确定盘点周期、盘点流程等相关内容，核查存货数量，及时发现存货减值迹象。企业至少应当于每年年终开展全面盘点清查，盘点清查结果应当形成书面报告。盘点清查中发现的存货盘盈、盘亏、毁损、闲置以及需要报废的存货，应当查明原因，落实并追究责任，按照规定权限批准后处置。

（2）固定资产方面

管理维护：企业应当加强房屋建筑物、机器设备等各类固定资产的管理，重视固定资产维护和更新改造，不断提升固定资产的使用效能，积极促进固定资产处于良好运行状态。严格执行固定资产日常维修和大修理计划，定期对固定资产进行维护保养，切实消除安全隐患，强化对生产线等关键设备运转的监控，严格操作流程，实行岗前培训和岗位许可制度，确保设备安全运转。严格执行固定资产投保政策，对应投保的固定资产项目按规定程序进行审批，及时办理投保手续。加强固定资产处置的控制，关注固定资产处置中的关联交易和处置定价，防范资产流失。

记录：企业应当制定固定资产目录，对每项固定资产进行编号，按照单项资产建立固定资产卡片，详细记录各项固定资产的来源、验收、使用地点、责任单位和责任人、运转、维修、改造、折旧、盘点等相关内容。

更新：企业应当根据发展战略，充分利用国家有关自主创新政策，加大技改投入，不断促进固定资产技术升级，淘汰落后设备，切实做到保持本企业固定资产技术的先进性和企业发展的可持续性。

抵押：企业应当规范固定资产抵押管理，确定固定资产抵押程序和审批权限等。将固定资产用作抵押的，应由相关部门提出申请，经企业授权部门或人员批准后，由资产管理部门办理抵押手续。加强对接收的抵押资产的管理，编制专门的资产目录，合理评估抵押资产的价值。

清查：企业应当建立固定资产清查制度，至少每年进行全面清查。对固定资产清查中发现的问题，应当查明原因，追究责任，妥善处理。

## 八、担保业务

担保，是指企业作为担保人，按照公平、自愿、互利的原则与债权人约定，当债务人不履行债务时，依照法律规定和合同协议承担相应法律责任的行为。

企业办理担保业务至少应当关注下列风险：

（1）企业为关联人、实际控制人提供担保违法，超过限额或程序违法。

（2）前款规定的股东或者受前款规定的实际控制人支配的股东，不得参加前款规定事项的表决。该项表决由出席会议的其他股东所持表决权的过半数通过。

（3）担保政策和管理制度不健全，导致不当担保，企业遭受损失。

（4）对担保申请人的资信状况调查不深，审批不严或越权审批，可能导致企业担保决策失误或遭受欺诈。

（5）对被担保人出现财务困难或经营陷入困境等状况监控不力，应对措施不当，可能导致企业承担法律责任。

（6）担保过程中存在舞弊行为，可能导致经办审批等相关人员涉案或企业利益受损。

（7）担保评估不当，可能被要求代偿，遭受损失。

应对措施：企业应当依法制定和完善担保业务政策及相关管理制度，明确担保的对象、范围、方式、条件、程序、担保限额和禁止担保等事项，规范调查评估、审核批准、担保执行等环节的工作流程，按照政策、制度、流程办理担保业务，定期检查担保政策的执行情况及效果，切实防范担保业务风险。

1. 调查评估与审批

调查评估：企业应当指定相关部门负责办理担保业务，对担保申请人进行资信调查和风险评估，对于评估结果应出具书面报告。企业也可委托中介机构对担保业务进行资信调查和风险评估工作。企业在对担保申请人进行资信调查和风险评估时，应当重点关注担保业务是否符合国家法律法规和本企业担保政策等相关要求，担保申请人的资信状况一般包括基本情况、资产质量、经营情况、偿债能力、盈利水平、信用程度、行业前景等，担保申请人用于担保和第三方担保的资产状况及其权利归属，企业要求担保申请人提供反担保的，还应当对与反担保有关的资产状况进行评估。对于被担保人存在担保项目不符合国家法律法规和本企业担保政策，已进入重组、托管、兼并或破产清算程序，财务状况恶化、资不抵债、管理混乱、经营风险较大，与其他企业存在较大经济纠纷，面临法律诉讼且可能承担较大赔偿责任，与本企业已经发生过担保纠纷且仍未妥善解决的，或不能及时足额交纳担保费用等不利情形的，不得提供担保。

审批：企业应当建立担保授权和审批制度，规定担保业务的授权批准方式、权限、程序、责任和相关控制措施，在授权范围内进行审批，不得超越权限审批。对于重大担保业务，应当报经董事会或类似权力机构批准。经办人员应当在职责范围内，按照审批人员的批准意见办理担保业务。对于审批人超越权限审批的担保业务，经办人员应当拒绝办理。被担保人要求变更担保事项的，企业应当重新履行调查评估与审批程序。

履行程序：公司向其他企业投资或者为他人提供担保的，依照公司章程的规定，由董事会或者股东会、股东大会决议；公司章程对投资或者担保的总额及单项投资或者担保的数额有限额规定的，不得超过规定的限额。公司为公司股东或者实际控制人提供担保的，必须经股东会或者股东大会决议。

**延伸思考问题：公司为大股东股权对赌回购协议提供担保的效力如何？**

2. 执行与监控

统一监控：企业应当采取合法、有效的措施，加强对子公司担保业务的统一监控。企业内设机构未经授权不得办理担保业务。企业为关联方提供担保的，与关联方存在经济利益或近亲属关系的有关人员在评估与审批环节应当回避。对境外企业进行担保的，应当遵守外汇管理规定，并关注被担保人所在国家的政治、经济、法律等因素。

担保合同：企业应当根据审核批准的担保业务订立担保合同。担保合同应明确被担保人的权利、义务、违约责任等相关内容，并要求被担保人定期提供财务报告与有关资料，及时通报担保事项的实施情况。担保申请人同时向多方申请担保的，企业应当在担保合同中明确约定本企业的担保份额和相应的责任。

日常管理：企业担保经办部门应当加强担保合同的日常管理，定期监测被担保人的经营情况和财务状况，对被担保人进行跟踪和监督，了解担保项目的执行、资金的使用、贷款的归还、财务运行及风险等情况，以确保担保合同的有效履行。

结束担保：担保合同履行过程中，如果被担保人出现异常情况，应当及时报告、妥善处理。对于被担保人未按有法律效力的合同条款偿付债务或履行相关合同项下的义务的，企业应当按照担保合同履行义务，同时主张对被担保人的追索权。

会计控制：企业应当加强对担保业务的会计系统控制，及时、足额收取担保费用，建立担保事项台账，详细记录担保对象、金额、期限、用于抵押和质押的物品或权利以及其他有关事项。企业财会部门应当及时收集、分析被担保人担保期内经审计的财务报告等相关资料，持续关注被担保人的财务状况、经营成果、现金流量以及担保合同的履行情况，积极配合担保经办部门防范担保业务风险。被担保人出现财务状况恶化、资不抵债、破产清算等情形的，企业应当根据国家统一的会计准则制度规定，合理确认预计负债和损失。

反担保：企业应当加强对反担保财产的管理，妥善保管被担保人用于反担保的权利凭证，定期核实财产的存续状况和价值，发现问题，及时处理，确保反担保财产的安全、完整。

责任追究：企业应当建立担保业务责任追究制度，对在担保中出现重大决策失误、未履行集体审批程序或不按规定管理担保业务的部门及人员，应当严格追究相应的责任。

清查存档：企业应当在担保合同到期时，全面清查用于担保的财产、权利凭证，按照合同约定及时终止担保关系。企业应当妥善保管担保合同、与担保合同相关的主合同、反担保函或反担保合同，以及抵押、质押的权利凭证和有关原始资料，切实做到担保业务档案完整无缺。

## 第二节　安全环保

### 一、安全生产

《中华人民共和国安全生产法》要求生产经营单位必须遵守本法和其他有关安全生产的法律、法规，加强安全生产管理，建立、健全安全生产责任制和安全生产规章制度，改善安全生产条件，推进安全生产标准化建设，提高安全生产水平，确保安全生产。

风险：

（1）未按照法律规定建立安全生产规章制度；

（2）生产经营单位的主要负责人未履行本法规定的安全生产管理职责，被责令改正未改正，以及因此发生安全责任事故；

（3）未按照法律规定建立安全生产措施、投入相应资金；

（4）安全生产管理出现重大问题、发生安全事故；

（5）事故发生后瞒报谎报。

负责人未履行管理职责的责任：生产经营单位的主要负责人对本单位的安全生产工作全面负责。生产经营单位的主要负责人未履行本法规定的安全生产管理职责的，责令限期改正；逾期未改正的，处2万~5万元罚款，责令生产经营单位停产停业整顿。生产经营单位的主要负责人逾期未改正，导致发生生产安全事故的，给予撤职处分；构成犯罪的，依照刑法有关规定追究刑事责任。生产经营单位的主要负责人依照前款规定受刑事处罚或者撤职处分的，自刑罚执行完毕或者受处分之日起，五年内不得担任任何生产经营单位的主要负责人；对重大、特别重大生产安全事故负有责任的，终身不得担任本行业生产经营单位的主要负责人。生产经营单位的主要负责人未履行本法规定的安全生产管理职责，导致发生生产安全事故的，由安全生产监督管理部门依照下列规定处以罚款：发生一般事故的，处上一年年收入30%的罚款；发生较大事故的，处上一年年收入40%的罚款；发生重大事故的，处上一年年收入60%的罚款；发生特别重大事故的，处上一年年收入80%的罚款。

从业人员权利义务：生产经营单位的从业人员有依法获得安全生产保障的权利，并应当依法履行安全生产方面的义务。企业应当贯彻预防为主的原则，采用多种形式增强员工安全意识，重视岗位培训，对于特殊岗位实行资格认证制度。

其他人员责任：国家实行生产安全事故责任追究制度，依照本法和有关法律法规的规定，追究生产安全事故责任人员的法律责任。生产经营单位的安全生产责任制应当明确各岗位的责任人员、责任范围和考核标准等内容。生产经营单位应当建立相应的机制，加强对安全生产责任制落实情况的监督考核，保证安全生产责任制的落实。生产经营单位的安全生产管理人员未履行本法规定的安全生产管理职责的，责令限期改正；导致发生生产安全事故的，暂停或者撤销其与安全生产有关的资格；构成犯罪的，依照刑法有关规定追究刑事责任。发生生产安全事故，除负有责任的生产经营单位可能承担相应的赔偿等责任外，由安全生产监督管理部门依照下列规定处以罚款：发生一般事故的，处 20 万 ~ 50 万元罚款；发生较大事故的，处 50 万 ~ 100 万元罚款；发生重大事故的，处 100 万 ~ 500 万元罚款；发生特别重大事故的，处 500 万 ~ 1000 万元罚款；情节特别严重的，处 1000 万 ~ 2000 万元罚款。

安全管理：企业应当根据国家有关安全生产的规定，结合本企业实际情况，建立严格的安全生产管理体系、操作规范和应急预案，强化安全生产责任追究制度，切实做到安全生产。企业应当设立安全管理部门和安全监督机构，负责企业安全生产的日常监督管理工作。企业应当重视安全生产投入，在人力、物力、资金、技术等方面提供必要的保障，健全检查监督机制，确保各项安全措施落实到位，不得随意降低保障标准和要求。企业应当加强生产设备的经常性维护管理，及时排除安全隐患。

资金投入：生产经营单位应当具备的安全生产条件所必需的资金投入，由生产经营单位的决策机构、主要负责人或者个人经营的投资人予以保证，并对由于安全生产所必需的资金投入不足导致的后果承担责任。生产经营单位的决策机构、主要负责人或者个人经营的投资人不依照本法规定保证安全生产所必需的资金投入，致使生产经营单位不具备安全生产条件的，责令限期改正，提供必需的资金；逾期未改正的，责令生产经营单位停产停业整顿。有前款违法行为，导致发生生产安全事故的，对生产经营单位的主要负责人给予撤职处分，对个人经营的投资人处 2 万 ~ 20 万元罚款；构成犯罪的，依照刑法有关规定追究刑事责任。

事故报告：企业如果发生生产安全事故，应当按照安全生产管理制度妥善处理，排除故障，减轻损失，追究责任。重大生产安全事故应当启动应急预案，同时按照国家有关规定及时报告，严禁迟报、谎报和瞒报。

## 二、环境保护

根据《中华人民共和国环境保护法》第四十二条的规定，排放污染物的企业事业单位和其他生产经营者，应当采取措施，防治在生产建设或者其他活动中产生的废气、废水、废渣、医疗废物、粉尘、恶臭气体、放射性物质以及噪声、振动、光辐射、电磁辐射等对环境的污染和危害。

风险：

（1）违反法律规定，未取得排污许可证排放污染物，被责令停止排污，拒不执行；

（2）通过暗管、渗井、渗坑、灌注，或者篡改、伪造监测数据，或者不正常运行防治污染设施等逃避监管的方式，违法排放污染物；

（3）企业事业单位和其他生产经营者有建设项目未依法进行环境影响评价，被责令停止建设，拒不执行；

（4）生产和使用国家明令禁止生产、使用的农药，被责令改正，拒不改正；

（5）出现重大污染事故。

责任：以上违规行为，尚不构成犯罪的，除了接受相关行政处罚外，还应由县级以上人民政府环境保护主管部门或者其他有关部门将案件移送公安机关，对其直接负责的主管人员和其他直接责任人员，处十日以上十五日以下拘留；情节较轻的，处五日以上十日以下拘留；构成犯罪的，依法追究刑事责任。因污染环境和破坏生态造成损害的，企业还应当依照《中华人民共和国民法典》的有关规定承担侵权责任。

《中华人民共和国刑法》第三百三十八条关于污染环境罪的规定：

“违反国家规定，排放、倾倒或者处置有放射性的废物、含传染病病原体的废物、有毒物质或者其他有害物质，严重污染环境的，处三年以下有期徒刑或者拘役，并处或者单处罚金；情节严重的，处三年以上七年以下有期徒刑，并处罚金。”

监测：重点排污单位应当按照国家有关规定和监测规范安装使用监测设备，保证监测设备正常运行，保存原始监测记录。严禁通过暗管、渗井、渗坑、灌注，或者篡改、伪造监测数据，或者不正常运行防治污染设施等逃避监管的方式，违法排放污染物。建立环境保护和资源节约的监控制度，定期开展监督检查，发现问题，及时采取措施予以纠正。污染物排放超过国家有关规定的，企业应当承担治理或相关法律责任。发生紧急、重大环境污染事件时，应当启动应急机制，及时报告和处理，并依法追究相关责任人的责任。

污染排放披露：重点排污单位应当如实向社会公开其主要污染物的名称、排放方式、排放浓度和总量、超标排放情况，以及防治污染设施的建设和运行情况，接受社会监督。

节能减排：企业应当按照国家有关环境保护与资源节约的规定，结合本企业实际情况，建立环境保护与资源节约制度，认真落实节能减排责任，积极开发和使用节能产品，发展循环经济，降低污染物排放，提高资源综合利用效率。通过宣传教育等有效形式，不断提高员工的环境保护和资源节约意识。重视生态保护，加大对环保工作的人力、物力、财力的投入和技术支持，不断改进工艺流程，降低能耗和污染物排放水平，实现清洁生产。加强对废气、废水、废渣的综合治理，建立废料回收和循环利用制度。重视资源节约和资源保护，着力开发利用可再生资源，防止对不可再生资源进行掠夺性或毁灭性开发。重视国家产业结构相关政策，特别关注产业结构调整的发展要求，加快高新技术开发和传统产业改造，切实转变发展方式，实现低投入、低消耗、低排放和高效率。

## 第三节　产品质量

根据《中华人民共和国产品质量法》第二十六条的规定，生产者应当对其生产的产品质量负责。

风险：

（1）产品质量存在危及人身、财产安全的不合理的危险，不符合保障人体健康和人身、财产安全的国家标准、行业标准。

（2）不具备产品应当具备的使用性能，但是，对产品存在使用性能的瑕疵作出说明的除外。

（3）不符合在产品或者其包装上注明采用的产品标准，不符合以产品说明、实物样品等方式表明的质量状况。

（4）产品存在假冒伪劣、失效变质情形。

后果：按照《中华人民共和国产品质量法》第四十九条的规定，生产、销售不符合保障人体健康和人身、财产安全的国家标准、行业标准的产品的，责令停止生产、销售，没收违法生产、销售的产品，并处违法生产、销售产品（包括已售出和未售出的产品，下同）货值金额等值以上三倍以下的罚款；有违法所得的，并处没收违法所得；情节严重的，吊销营业执照；构成犯罪的，依法追究刑事责任。

包装标识：产品或者其包装上的标识必须真实，并符合有关产品质量检验合格证明；有中文标明的产品名称、生产厂厂名和厂址；根据产品的特点和使用要求，需要标明产品规格、等级、所含主要成分的名称和含量的，用中文相应予以标明；需要事先让消费者知晓的，应当在外包装上标明，或者预先向消费者提供有关资料；限期使用的产品，应当在显著位置清晰地标明生产日期和安全使用期或者失效日期；使用不当，容易造成产品本身损坏或者可能危及人身、财产安全的产品，应当有警示标志或者中文警示说明。裸装的食品和其他根据产品的特点难以附加标识的裸装产品，可以不附加产品标识。易碎、易燃、易爆、有毒、有腐蚀性、有放射性等危险物品以及储运中不能倒置和其他有特殊要求的产品，其包装质量必须符合相应要求，依照国家有关规定作出警示标志或者中文警示说明，标明储运注意事项。产品标识不符合本法相关规定的，监管责令改正；有包装的产品标识，情节严重的，可能被责令停止生产、销售，并处违法生产、销售产品货值金额30%以下的罚款；有违法所得的，并处没收违法所得。

假冒伪劣：企业不得在产品中掺杂、掺假，以假充真，以次充好，或者以不合格产品冒充合格产品，违反上述规定的，不仅可能被责令停止生产、销售，没收违法生产、销售的产品，并处违法生产、销售产品货值金额50%以上三倍以下的罚款；有违法所得的，并处没收违法所得；情节严重的，还可能被吊销营业执照；构成犯罪的，依法追究刑事责任。

失效、变质：企业不得销售失效、变质的产品，违反上述规定的，可能被责令停止销售，没收违法销售的产品，并处违法销售产品货值金额两倍以下的罚款；有违法所得的，并处没收违法所得；情节严重的，吊销营业执照；构成犯罪的，依法追究刑事责任。

社会责任：企业应当根据国家和行业相关产品质量的要求，从事生产经营活动，切实提高产品质量和服务水平，努力为社会提供优质、安全、健康的产品和服务，最大限度地满足消费者的需求，对社会和公众负责，接受社会监督，承担社会责任。规范生产流程，建立严格的产品质量控制和检验制度，严把质量关，禁止缺乏质量保障、危害人民生命健康的产品流向社会。加强产品的售后服务。售后发现存在严重质量缺陷、隐患的产品，应当及时召回或采取其他有效措施，最大限度地降低或消除缺陷、隐患产品的社会危害。妥善处理消费者提出的投诉和建议，切实保护消费者权益。

## 第四节　劳动与人力资源

依据《企业内部控制应用指引第 3 号—人力资源》第二条规定，人力资源是指企业组织生产经营活动而录（任）用的各种人员，包括董事、监事、高级管理人员和全体员工。

企业人力资源管理至少应当关注下列合规风险：

（1）人力资源缺乏或过剩、结构不合理、开发机制不健全，可能导致企业发展战略难以实现。

（2）应签订劳动合同未签订，使用童工等。

（3）违反劳动法，要求员工长时间加班，如杭州某互联网企业公开宣布实行“996”工作时间制度，被当地劳动监察部门立案。

（4）违反劳动者保护政策，卫生健康保障不到位，甚至发生安全事故。

（5）人力资源激励约束制度不合理、关键岗位人员管理不完善，可能导致人才流失，经营效率低下或关键技术、商业秘密和国家机密泄露。

（6）人力资源退出机制不当，可能导致法律诉讼或企业声誉受损。

（7）未规定竞业限制、保密协议，导致商业秘密泄露、企业受到损失。

### 一、人力资源的引进与开发

战略规划：企业应当重视人力资源建设，根据发展战略，结合人力资源现状和未来需求预测，建立人力资源发展目标，制定人力资源总体规划和能力框架体系，优化人力资源整体布局，明确人力资源的引进、开发、使用、培养、考核、激励、退出等管理要求，实现人力资源的合理配置，全面提升企业核心竞争力。企业应当定期对年度人力资源计划执行情况进行评估，总结人力资源管理经验，分析存在的主要缺陷和不足，完善人力资源政策，促进企业整体团队充满生机和活力。

需求计划：企业应当根据人力资源总体规划，结合生产经营实际需要，制订年度人力资源需求计划，完善人力资源引进制度，规范工作流程，按照计划、制度和程序组织人力资源引进工作。

选聘：企业应当根据人力资源能力框架要求，明确各岗位的职责权限、任职条件和工作要求，遵循德才兼备、以德为先和公开、公平、公正的原则，通过公开招聘、竞争上岗等多种方式选聘优秀人才，重点关注选聘对象的价值取向和责任意识。企业选拔高级管理人员和聘用中层及以下员工，应当切实做到因事设岗、以岗选人，避免因人设事或设岗，确保选聘人员能够胜任岗位的职责要求。选聘人员实行岗位回避制度。

劳动合同：劳动合同是劳动者与用人单位确立劳动关系、明确双方权利和义务的协议。企业确定了选聘人员后，应当依法签订劳动合同，建立劳动用工关系。企业对于在产品技术、市场、管理等方面掌握或涉及关键技术、知识产权、商业秘密或国家机密的工作岗位，应当与该岗位员工签订有关岗位保密协议，明确保密义务。履行劳动合同，遵循按劳分配、同工同酬的原则，建立科学的员工薪酬制度和激励机制，不得克扣或无故拖欠员工薪酬。

试用考核：企业应当建立选聘人员试用期和岗前培训制度，对试用人员进行严格考察，促进选聘员工全面了解岗位职责，掌握岗位基本技能，适应工作要求。试用期满考核合格后，方可正式上岗；试用期满考核不合格者，应当及时解除劳动关系。

培训：企业应当重视人力资源开发工作，建立员工培训长效机制，营造尊重知识、尊重人才和关心员工职业发展的文化氛围，加强后备人才队伍建设，促进全体员工的知识、技能持续更新，不断提升员工的服务效能。按照产、学、研、用相结合的社会需求，积极创建实习基地，大力支持社会有关方面培养、锻炼社会需要的应用型人才。

安全卫生：用人单位必须建立健全劳动安全卫生制度，严格执行国家劳动安全卫生规程和标准，对劳动者进行劳动安全卫生教育，防止劳动过程中的事故，减少职业危害。用人单位必须为劳动者提供符合国家规定的劳动安全卫生条件和必要的劳动防护用品，按期对员工进行非职业性健康监护，对从事有职业危害作业的员工进行职业性健康监护，按照有关规定做好健康管理工作，预防、控制和消除职业危害。用人单位的劳动安全设施和劳动卫生条件不符合国家规定或者未向劳动者提供必要的劳动防护用品和劳动保护设施的，由劳动行政部门或者有关部门责令改正，可以处以罚款；情节严重的，提请县级以上人民政府决定责令停产整顿；对事故隐患不采取措施，致使发生重大事故，造成劳动者生命和财产损失的，对责任人员依照刑法有关规定追究刑事责任。用人单位强令劳动者违章冒险作业，发生重大伤亡事故，造成严重后果的，对责任人员依法追究刑事责任。

劳动规章：用人单位应当依法建立和完善规章制度，保障劳动者享有劳动权利和履行劳动义务。用人单位制定的劳动规章制度违反法律、法规规定的，由劳动行政部门给予警告，责令改正；对劳动者造成损害的，应当承担赔偿责任。

平等与特别保护：尊重员工人格，维护员工尊严，杜绝性别、民族、宗教、年龄等各种歧视，保障员工身心健康。劳动者就业，不因民族、种族、性别、宗教信仰不同而受歧视。妇女享有与男子平等的就业权利。在录用职工时，除国家规定的不适合妇女的工种或者岗位外，不得以性别为由拒绝录用妇女或者提高对妇女的录用标准。用人单位非法招用未满十六周岁的未成年人的，由劳动行政部门责令改正，处以罚款；情节严重的，由市场监督管理部门吊销其营业执照。用人单位违反劳动法对女职工和未成年工的保护规定，侵害其合法权益的，由劳动行政部门责令改正，处以罚款；对女职工或者未成年工造成损害的，应当承担赔偿责任。

工作时间：国家实行劳动者每日工作时间不超过八小时、平均每周工作时间不超过四十四小时的工时制度。用人单位应当保证劳动者每周至少休息一日。遵守法定的劳动时间和休息休假制度，确保员工的休息休假权利。用人单位违反劳动法规定，延长劳动者工作时间的，由劳动行政部门给予警告，责令改正，并可以处以罚款。

**二、人力资源的使用与退出**

考核评价：企业应当建立和完善人力资源的激励约束机制，设置科学的业绩考核指标体系，对各级管理人员和全体员工进行严格考核与评价，以此作为确定员工薪酬、职级调整和解除劳动合同等的重要依据，确保员工队伍处于持续优化状态。制定与业绩考核挂钩的薪酬制度，切实做到薪酬安排与员工贡献相协调，体现效率优先、兼顾公平的原则。制定各级管理人员和关键岗位员工定期轮岗制度，明确轮岗范围、轮岗周期、轮岗方式等，形成相关岗位员工的有序持续流动，全面提升员工素质。

退出：企业应当按照有关法律法规规定，结合企业实际，建立健全员工退出（辞职、解除劳动合同、退休等）机制，明确退出的条件和程序，确保员工退出机制得到有效实施。对考核不能胜任岗位要求的员工，应当及时暂停其工作，安排再培训，或调整工作岗位，安排转岗培训，仍不能满足岗位职责要求的，应当按照规定的权限和程序解除劳动合同。企业应当与退出员工依法约定保守关键技术、商业秘密、国家机密和竞业限制的期限，确保知识产权、商业秘密和国家机密的安全。企业关键岗位人员离职前，应当根据有关法律法规的规定进行工作交接或离任审计。

**延伸思考问题：员工离职时，企业要求员工在格式合同上签字放弃奖金、经济补偿，声明全系自愿离职的效力如何？**

社会责任：企业应当依法保护员工的合法权益，贯彻人力资源政策，保护员工依法享有劳动权利和履行劳动义务，保持工作岗位相对稳定，积极促进充分就业，切实履行社会责任。避免在正常经营情况下批量辞退员工，增加社会负担。建立高级管理人员与员工薪酬的正常增长机制，切实保持合理水平，维护社会公平。办理员工社会保险，足额缴纳社会保险费，保障员工依法享受社会保险待遇。履行社会公益方面的责任和义务，关心帮助社会弱势群体，支持慈善事业。

根据《中华人民共和国劳动法》第九十一条的规定，经济补偿：用人单位有下列侵害劳动者合法权益情形之一的，由劳动行政部门责令支付劳动者的工资报酬、经济补偿，并可以责令支付赔偿金；克扣或者无故拖欠劳动者工资的；拒不支付劳动者延长工作时间工资报酬的；低于当地最低工资标准支付劳动者工资的；解除劳动合同后，未依照本法规定给予劳动者经济补偿的。如果解除劳动合同的提出方并非劳动者，那么用人单位不可避免地应向劳动者支付经济补偿。工资、奖金、未休年休假工资、加班费等都可以在已签订离职协议中达成的经济补偿里约定。由于经济补偿的标准是双方协商合意的结果，数额可以高于或低于法律规定的标准，并不影响协议的效力（工伤所致补偿有所不同）。

竞业限制：竞业限制的人员限于用人单位的高级管理人员、高级技术人员和其他负有保密义务的人，其多数处于可能较多接触到商业秘密的岗位。内容包括今后一定时间内不得从事的行业、业务及具体禁止服务的企业名单。对竞争对手的界定可根据公司营业执照上的经营范围和公司实际生产的产品来判断，必须是在经营范围和经营产品上与本单位有竞争关系的公司。时间从员工离职日算起，企业和员工可以协商具体时间长短，最多不超过两年。对于竞业限制需要在劳动合同解除或终止后按月向员工支付补偿金的，不同地区的补偿标准各有不同，以深圳和珠海为例，补偿金的数额须不少于该员工年收入的2/3和1/2，以保持其原有的生活水准；上海高级人民法院的规定则是在双方没有约定或者无法协商一致的情况下，每月补偿原收入的20%～30%。如果员工违反协议，则需要承担违约责任。

## 示例7.1：保密和竞业限制合同框架（部分内容略）

甲方公司

乙方员工

第1条　商业秘密的定义、表现形式及范围

1.1 商业秘密的定义

1.2 本合同项下商业秘密包括但不限于以下商业性、技术性信息。

1.3 本合同项下商业秘密的表现形式为……

1.4 本合同项下的关联公司是指……

1.5 本合同项下的客户是指……

第2条　知识产权

2.1 甲乙双方确认，乙方在甲方任职期间，因履行职务或者主要是利用甲方的物质技术条件、业务信息等产生的发明创造、作品、计算机软件、技术秘密或者其他商业秘密信息，有关的知识产权均属于甲方享有……上述发明创造、作品、计算机软件、技术秘密及其他商业秘密，法律规定由本人享有的身份权利由乙方本人享有。

2.2 本合同有效期限内，与甲方业务有关的，乙方未向甲方申明由其本人享有权利的智力成果，推定为属于本条1款规定的归属于甲方的知识产权。

……

第3条　乙方保密义务

3.1 乙方应履行以下保密义务，包括期限……

第4条　违反保密义务的行为

4.1 乙方有下列行为之一的，视为违反保密义务：

……

4.2 违反保密义务的除外情形

第 5 条　竞业限制

第 6 条　竞业限制补偿金

第 7 条　违约责任

第 8 条　通知

第 9 条　争议的解决

## 第五节　财务税收

### 一、财务报告：

依据:《中华人民共和国公司法》《中华人民共和国证券法》

财务报告是指反映企业某一特定日期财务状况和某一会计期间经营成果、现金流量的文件。

企业编制、对外提供和分析利用财务报告，至少应当关注下列合规风险：

（1）编制财务报告违反会计法律法规和国家统一的会计准则制度，可能导致企业承担法律责任和声誉受损。

（2）违法提供虚假财务报告，误导财务报告使用者，造成决策失误，干扰市场秩序。上市企业公司对财务会计报告作虚假记载，可能误导投资者，监管部门可以暂停其上市。

（3）不能有效利用财务报告，难以及时发现企业经营管理中存在的问题，可能导致企业财务和经营风险失控。

应对措施：应当严格执行会计法律法规和国家统一的会计准则制度，加强对财务报告编制、对外提供和分析利用全过程的管理，明确相关工作流程和要求，落实责任制，确保财务报告合法合规、真实完整和有效利用。

财务制度：公司应当依照法律、行政法规和国务院财政部门的规定建立本公司的财务、会计制度。在每一会计年度终了时编制财务会计报告，并依法经会计师事务所审计。财务会计报告应当依照法律、行政法规和国务院财政部门的规定制作。

财务报告：有限责任公司应当依照公司章程规定的期限将财务会计报告送交各股东。股份有限公司的财务会计报告应当在召开股东大会年会的二十日前置备于本公司，供股东查阅；公开发行股票的股份有限公司必须公告其财务会计报告。企业负责人对财务报告的真实性和完整性负责。上市公司和公司债券上市交易的公司，应当在每一会计年度的上半年结束之日起二个月内，向国务院证券监督管理机构和证券交易所报送记载含公司财务会计报告和经营情况的中期报告，并予公告，应当在每一会计年度结束之日起四个月内，向国务院证券监督管理机构和证券交易所报送记载公司财务会计报告和经营情况内容的年度报告，并予公告。

## 二、税收

依据：《中华人民共和国税收征收管理法》。

假账：纳税人、扣缴义务人编造虚假计税依据的，由税务机关责令限期改正，并处五万元以下的罚款。

偷税：纳税人不进行纳税申报，不缴或者少缴应纳税款的，由税务机关追缴其不缴或者少缴的税款、滞纳金，并处不缴或者少缴的税款百分之五十以上五倍以下的罚款。纳税人欠缴应纳税款，采取转移或者隐匿财产的手段，妨碍税务机关追缴欠缴的税款的，由税务机关追缴欠缴的税款、滞纳金，并处欠缴税款百分之五十以上五倍以下的罚款；构成犯罪的，依法追究刑事责任。

骗税：以假报出口或者其他欺骗手段，骗取国家出口退税款的，由税务机关追缴其骗取的退税款，并处骗取税款一倍以上五倍以下的罚款；构成犯罪的，依法追究刑事责任。对骗取国家出口退税款的，税务机关可以在规定期间内停止为其办理出口退税。

抗税：以暴力、威胁方法拒不缴纳税款的，除由税务机关追缴其拒缴的税款、滞纳金外，依法追究刑事责任。情节轻微，未构成犯罪的，由税务机关追缴其拒缴的税款、滞纳金，并处拒缴税款一倍以上五倍以下的罚款。

纳税人责任：纳税人有下列行为之一的，由税务机关责令限期改正，可以处二千元以下的罚款；情节严重的，处二千元以上一万元以下的罚款：未按照规定的期限申报办理税务登记、变更或者注销登记的；未按照规定设置、保管账簿或者保管记账凭证和有关资料的；未按照规定将财务、会计制度或者财务、会计处理办法和会计核算软件报送税务机关备查的；未按照规定将其全部银行账号向税务机关报告的；未按照规定安装、使用税控装置，或者损毁或者擅自改动税控装置的。纳税人不办理税务登记的，由税务机关责令限期改正；逾期不改正的，经税务机关提请，由工商行政管理机关吊销其营业执照。纳税人未按照规定使用税务登记证件，或者转借、涂改、损毁、买卖、伪造税务登记证件的，处二千元以上一万元以下的罚款；情节严重的，处一万元以上五万元以下的罚款。

## 第六节　知识产权

依据：《中华人民共和国专利法》《中华人民共和国著作权法》《中华人民共和国商标法》《中华人民共和国反不正当竞争法》《中华人民共和国民法典》。

风险：

（1）因管理不善，没有知识产权战略规划导致商标、专利被他方抢注；

（2）技术开发合同权属不清，事先未约定明确；

（3）技术落后，存在重大技术安全隐患；

（4）专利被申请强制许可。

应对措施：

管理：企业应当加强对品牌、商标、专利、专有技术、土地使用权等无形资产的管理，分类制定无形资产管理办法，落实无形资产管理责任制，促进无形资产有效利用，充分发挥无形资产对提升企业核心竞争力的作用。企业应当全面梳理外购、自行开发以及其他方式取得的各类无形资产的权属关系，加强无形资产权益保护，防范侵权行为和法律风险。无形资产具有保密性质的，应当采取严格保密措施，严防泄露商业秘密。企业购入或者以支付土地出让金等方式取得的土地使用权，应当取得土地使用权有效证明文件。

评估：企业应当定期对专利、专有技术等无形资产的先进性进行评估，淘汰落后技术，加大研发投入，促进技术更新换代，不断提升自主创新能力，努力做到使核心技术处于同行业领先水平。

品牌建设：企业应当重视品牌建设，加强商誉管理，通过提供高质量产品和优质服务等多种方式，不断打造和培育主业品牌，切实维护和提升企业品牌的社会认可度。

技术开发合同：技术开发合同应具体描述的技术成果不能仅约定转让或开发技术，否则合同的标的就不具有特定性和确定性。关于技术合同的履行，应该根据技术合同的标的来确定技术合同履行的计划、进度、期限、地点、地域和方式等内容，包括技术开发合同经费的支付、技术资料和原始数据的提供、开发失败的风险约定、研究开发的进度、期限和技术成果的交付等。在合同中应当对需要保密的技术情报和资料的事项、范围、期限、责任等作出具体的约定。权利瑕疵的风险，由让与人承担责任，但让与人与受让人之间可以内部约定进行分担。验收标准和方法是确定当事人是否依据合同约定履行义务的依据。研究开发验收标准既可以由当事人直接约定按照国家规定的标准进行，也可以由双方直接约定具体标准。

### 案例7.5：拼多多被诉侵权案①

2018年7月，一家北京尿布生产商在美国纽约南区联邦法院起诉拼多多，指出拼多多在明知第三方商家假冒或未经授权品牌的情况下，仍在网上销售该商品。

起诉书指出，该企业之所以在纽约提起诉讼，是因为美国的消费者可以通过拼多多商务平台购买到这些商品，而该企业为了在美国打开市场，在市场营销和产品测试等方面有大量投资。同一天法院签署了向拼多多等7家被告发出的电子传票。原告在索赔损害赔偿时，可选择索赔“实际损失赔偿”（包括对方律师费在内的3倍）或“法定赔偿”（20万~1000万美元），通过网络营销的侵权行为，美国一些法院会直接将其作为加重情节，被告还可能被处以惩罚性赔偿。

## 第七节　广告宣传

依据：《中华人民共和国广告法》。

风险：

（1）使用或者变相使用中华人民共和国的国旗、国歌、国徽，军旗、军歌、军徽；国家机关、国家机关工作人员的名义或者形象，“国家级”“最高级”“最佳”等用语或不得使用的内容。

（2）损害国家的尊严或者利益，泄露国家秘密；妨碍社会安定，损害社会公共利益；危害人身、财产安全，泄露个人隐私。

（3）妨碍社会公共秩序或者违背社会良好风尚；损害未成年人和残疾

① 资料来源：“拼多多”上市前遭美国商标侵权诉讼［EB/OL］．搜狐网，https://www.sohu.com/a/243181914_100076218，2018-07-25。

人的身心健康。妨碍环境、自然资源或者文化遗产保护。

（4）含有淫秽、色情、赌博、迷信、恐怖、暴力的内容；含有民族、种族、宗教、性别歧视的内容。

（5）应事先取得行政许可而未取得的。

（6）内容虚假，涉嫌欺诈消费者。

行政许可：广告内容涉及的事项需要取得行政许可的，应当与许可的内容相符合。

真实性：广告使用数据、统计资料、调查结果、文摘、引用语等引证内容的，应当真实、准确，并标明出处。引证内容有适用范围和有效期限的，应当明确表示。违反本法规定，发布虚假广告的，由市场监督管理部门责令停止发布广告，责令广告主在相应范围内消除影响，处广告费用三倍以上五倍以下的罚款。广告费用无法计算或者明显偏低的，处二十万元以上一百万元以下的罚款；两年内有三次以上违法行为或者有其他严重情节的，处广告费用五倍以上十倍以下的罚款，广告费用无法计算或者明显偏低的，处一百万元以上二百万元以下的罚款，可以吊销营业执照，并由广告审查机关撤销广告审查批准文件、一年内不受理其广告审查申请。

## 案例7.6：瓜子二手车被罚1250万元①

2017年6月，瓜子二手车在西安的分公司就因为存在“以虚假的商品说明、商品标准、实物样品等方式销售商品的行为”，侵害了消费者的权益，西安市工商行政管理局双生分局责令其改正并处以罚款一万元。2017年11月，瓜子二手车的竞争对手人人车因不满其广告语，以不正当竞争关系为由，将瓜子二手车告上法庭，向瓜子二手车索赔1亿元人民币。最终北京市海淀区人民法院发布诉前禁令，裁定瓜子二手车“遥遥领先”等相

① 资料来源：《北京市工商行政管理局海淀分局行政处罚决定书》，京工商海处租（2018）第2170号、第2189号、第2111号、第2113号、第2286号。

关广告尚无充分事实依据，涉嫌构成引人误解的虚假宣传的不正当竞争行为，责令瓜子二手车立即停止使用“遥遥领先”“全国领先”等虚假宣传用语。2018 年 6 月 25 日，瓜子二手车又因为广告违法，被石家庄市工商行政管理局处以罚款 20 万元的行政处罚。2018 年 11 月 15 日，北京市工商行政管理局海淀分局发布对金瓜子公司（瓜子二手车）的行政处罚决定书，对其罚款 1250 万元。

除此以外，2018 年 11 月 19 日，北京字节跳动科技有限公司旗下“今日头条”在未取得医疗广告审查证明的情况下发布医疗广告，违反了《中华人民共和国广告法》第四十六条的规定。北京市工商行政管理局海淀分局对“今日头条”违法发布同仁堂保健食品广告以及非处方药非法广告，共计罚款 300 万元，责令当事人停止发布上述违法内容广告。11 月因广告违规被处罚的有：小米因对红米手机功能和相关促销活动宣传不当被罚 33 万元，亚马逊中国因使用极限化用语被罚 70 万元，百度因发布含淫秽、色情、赌博、迷信、恐怖、暴力广告被罚 60 万元。

## 第八节　资本市场

风险：

（1）违法公开发行证券；

（2）虚假陈述、内幕交易、操纵市场；

（3）未履行信息披露义务；

（4）持有 5% 以上股权的股东、董事、监事、高管违反禁售期限限制进行短线交易；

（5）非上市公众公司转让股票未经证监会核准超过 200 人；

（6）上市公司股东非法增持、减持；

（7）股东混淆全部转让股份及退股，退股被认定为抽逃出资而受处罚。

公开发行：公开发行证券，必须符合法律、行政法规规定的条件，并依法报经国务院证券监督管理部门或者国务院授权的部门核准；未经依法核准，任何单位和个人不得公开发行证券。有下列情形之一的，为公开发行：向不特定对象发行证券的；向特定对象发行证券累计超过 200 人的；法律、行政法规规定的其他发行行为。非公开发行证券，不得采用广告、公开劝诱和变相公开方式。

信息披露：发行人、上市公司依法披露的信息必须真实、准确、完整，不得有虚假记载、误导性陈述或者重大遗漏。经国务院证券监督管理部门核准依法公开发行股票，或者经国务院授权的部门核准依法公开发行公司债券，应当公告招股说明书、公司债券募集办法。依法公开发行新股或者公司债券的，还应当公告财务会计报告。对于非上市公众公司，股票公开转让与定向发行的，应当披露半年度报告、年度报告。股票向特定对象转让导致股东累计超过 200 人的，应当披露年度报告。公众公司董事、高级管理人员应当对定期报告签署书面确认意见；对报告内容有异议的，应当单独陈述理由，并与定期报告同时披露。公众公司不得以董事、高级管理人员对定期报告内容有异议为由不按时披露定期报告。有虚假记载、误导性陈述或者重大遗漏，致使投资者在证券交易中遭受损失的，公司应当承担赔偿责任，保荐人承担连带赔偿责任。

**延伸思考问题：保荐人或主办券商在信息披露上的督导责任是什么？根据司法解释，构成共同虚假陈述的要件是什么？**

内幕交易：禁止证券交易内幕信息的知情人和非法获取内幕信息的人利用内幕信息从事证券交易活动。证券交易内幕信息的知情人包括：发行人的董事、监事、高级管理人员；持有公司百分之五以上股份的股东及其董事、监事、高级管理人员，公司的实际控制人及其董事、监事、高级管理人员；发行人控股或者实际控制的公司股东及其董事、监事、高级管理人员；由于所任公司职务或者因公司业务往来可以获取公司有关内幕信息的人员；证券监督管理部门工作人员以及由于法定职责对证券的发行、交易进行管理的其他人员；保荐人，承销的证券公司、证券交易所、证券登记结算机构、证券服务机构的有关人员；国务院证券监督管理部门规定的其他人。

短线交易：上市公司董事、监事、高级管理人员、持有上市公司股份百分之五以上的股东，不得将其持有的该公司的股票在买入后六个月内卖出，或者在卖出后六个月内又买入，违反上述规定的，由此所得收益归该公司所有，公司董事会应当收回其所得收益，并给予警告，可以并处三万元以上十万元以下的罚款。

**延伸思考问题：一致行动人的股份买卖是否适用短线交易限制？**

超过200人核准：非上市公众公司股票向特定对象转让导致股东累计超过200人的，应当自上述行为发生之日起三个月内，按照中国证监会有关规定制作申请文件，在三个月内股东人数降至200人以内的，可以不提出申请。否则构成擅自公开或变相公开发行证券的，责令停止发行，退还所募资金并加算银行同期存款利息，处以非法所募资金金额百分之一以上百分之五以下的罚款；对擅自公开或者变相公开发行证券设立的公司，监管部门可能予以取缔。对直接负责的主管人员和其他直接责任人员处以三万元以上三十万元以下的罚款。

**延伸思考问题：新三板常见的股东“老股转让”超过200人是否适用上述核准限制？**

增持减持报告核准：通过证券交易所的证券交易，投资者持有或者通过协议、其他安排与他人共同持有一家上市公司已发行的股份达到百分之五时，应当在该事实发生之日起三日内，向国务院证券监督管理机构、证券交易所作出书面报告，通知该上市公司，并予公告；在上述期限内，不得再行买卖该上市公司的股票。达到百分之五后，其所持该上市公司已发行的股份比例每增加或者减少百分之五，应当依照前款规定进行报告和公告。在报告期限内和作出报告、公告后二日内，不得再行买卖该上市公司的股票。违反法律规定，在限制转让期限内买卖证券的，责令改正，给予警告，并处以买卖证券等值以下的罚款。对直接负责的主管人员和其他直接责任人员给予警告，并处以三万元以上三十万元以下的罚款。

## 案例7.7：域外视野——美股上市公司遭遇信息披露挑战①

美国所有证券市场采用统一的信息披露制度，其法律基础主要来自1933年通过的《证券法》和1934年通过的《证券交易法》。前者对信息的初次披露进行规定，即注册登记说明书和招股说明书，后者对持续信息披露进行规定，主要包括定期报告、临时报告和其他重要事项的披露等。不同类型信息披露义务人适用不同的报表框架和细则。信息披露义务人如果故意违反联邦证券法的注册或反欺诈条款的，均可能构成犯罪，具体的惩罚措施包括处以罚金或有期徒刑，或者两者并处。在民事责任上，完善市场化诉讼制度有效地提供了保护，目前美国为小股东提供了集体诉讼这一有力武器。集体诉讼是指，将诉讼一方多位当事人视为一个集体，以一个或若干个集体成员作为集体代表人，代表整个集体成员提起诉讼。集体诉讼有效遏制了公司控股股东利用控股地位损害公司及中小股东利益的行为，扩大了中小投资者维权的范围。中国企业在美上市以来，其中有些企业未能适应美国的信息披露制度及合规文化环境，因为信息披露问题遭遇了集体诉讼，遭受了各种各样的损失。

2012年7月，新东方被7家美国律所发起了集体诉讼，指控新东方发布虚假和误导信息。该诉讼案于2014年5月以475万美元金额得到和解。2016年12月，因为被媒体披露留学申请业务造假，新东方再次遭遇集体诉讼。

① 资料来源：阿里巴巴在美遭集体诉讼［EB/OL］. 新浪财经，http://finance. sina. com. cn/world/20150203/030521459642. shtml? utm_source = tuicool&utm_medium = referral，2015 - 02 - 03。

2014 年 12 月，聚美优品遭到 Pomerantz LLP 发起的集体诉讼，指控聚美优品及其特定高管向投资大众发布了错误的、误导性的声明。短短 4 个月内其市值已经缩水一半。

2015 年，阿里巴巴因为其平台山寨事件未披露问题在美遭遇律所集体诉讼，经历了地区法院驳回、律所上诉，2017 年年底法院发回重审，到 2018 年 6 月第二次被驳回。整个过程持续了 3 年，付出了高昂的律师费。

2018 年 8 月 1 日，6 家美国律所宣布，将代表拼多多投资者展开对公司的集体诉讼，以追回投资者蒙受的损失。

## 第九节　个人数据信息保护

依据：《中华人民共和国网络安全法》。

风险：

（1）未经同意违法收集使用个人信息数据；

（2）非法传递、买卖个人信息数据；

（3）没有建立个人信息数据保护措施；

（4）个人信息数据发生泄露时，未及时采取措施补救、报告。

收集使用：《中华人民共和国网络安全法》规定，网络运营者收集、使用个人信息，应当遵循合法、正当、必要的原则，公开收集、使用规则，明示收集和使用信息的目的、方式和范围，并经被收集者同意。网络运营者不得收集与其提供的服务无关的个人信息，不得违反法律、行政法规的规定和双方的约定收集、使用个人信息，并应当依照法律、行政法规的规定和与用户的约定，处理其保存的个人信息。网络产品、服务具有收集用户信息功能的，其提供者应当向用户明示并取得同意；涉及用户个人信息的，还应当遵守本法和有关法律、行政法规关于个人信息保护的规定。任何个人和组织不得窃取或者以其他非法方式获取个人信息，不得非法出售或者非法向他人提供个人信息。网络运营者、网络产品或者服务的提供者违反本法规定，侵害个人信息依法得到保护的权利的，由有关主管部门责令改正，可以根据情节单处或者并处警告、没收违法所得、处违法所得一倍以上十倍以下罚款，没有违法所得的，处一百万元以下罚款，对直接负责的主管人员和其他直接责任人员处一万元以上十万元以下罚款；情节严重的，可以责令其暂停相关业务、停业整顿、关闭网站、吊销相关业务许可证或者吊销营业执照。窃取或者以其他非法方式获取、非法出售或者非法向他人提供个人信息，尚不构成犯罪的，由公安机关没收违法所得，并处违法所得一倍以上十倍以下罚款，没有违法所得的，处一百万元以下罚款。

保密：网络运营者应当对其收集的用户信息严格保密，并建立健全用户信息保护制度。网络运营者不得泄露、篡改、毁损其收集的个人信息；未经被收集者同意，不得向他人提供个人信息。但是，经过处理无法识别特定个人且不能复原的除外。网络运营者应当采取技术措施和其他必要措施，确保其收集的个人信息安全，防止信息泄露、毁损、丢失。在发生或者可能发生个人信息泄露、毁损、丢失的情况时，应当立即采取补救措施，按照规定及时告知用户并向有关主管部门报告。违反本法规定，给他人造成损害的，依法承担民事责任。违反本法规定，构成违反治安管理行为的，依法给予治安管理处罚；构成犯罪的，依法追究刑事责任。

## 案例7.8：摩拜单车在欧洲可能被罚2000万欧元①

摩拜单车被怀疑可能违反了欧盟的数据保护法。因其收集、使用了客户的个人数据，并可能将其传往中国中心。根据欧盟《通用数据保护条

① 资料来源：摩拜单车海外遭调查，若违反数据法，或面临罚2000万欧元罚款[EB/OL]. 搜狐网，https://www.sohu.com/a/281273386_451401? sec = wd，2018 - 12 - 12。

例》（GDPR），柏林数据保护专员有权对违反数据规则的公司进行处罚，罚款金额可达年度营收的4%与2000万欧元之较高者。不太严重的处2%与1000万欧元之较高者。

个人资料系指有关识别或可得识别自然人（数据主体）之任何信息；可得识别自然人系指得以直接或间接地识别该自然人，特别是参考诸如姓名、身份证统一编号、位置数据、网络标识符，一个或多个该自然人之身体、生理、基因、心理、经济、文化或社会认同等具体因素之识别工具。

中国互联网企业在开拓欧洲市场时，应该高度重视欧盟在数据保护方面的相关规定。而目前在数据治理和数据保护领域，对于中国互联网企业最重要的条例就是《一般数据保护条例》（General Data Protection Regulation，GDPR）。

2016年4月，欧洲议会（European Parliament）通过了《一般数据保护条例》，以欧盟法规的形式确定了对个人数据的保护原则和监管方式，并确定所有企业和组织必须于2018年5月25日前满足条例规定的数据保护要求。

GDPR之所以被认为是对于中国互联网企业最重要的数据治理和数据保护法规，理由有以下几点。

第一，适用范围跨越全球。

GDPR约束的对象是所有处理欧盟公民数据的欧盟或非欧盟组织和企业。

所有进军欧盟的中国企业，甚至只是远程向欧盟提供数据服务的企业和组织都适用GDPR，要遵守GDPR规定的监管要求，并在违反规定时接受欧盟处罚。

其第3条领土适用范围规定了：①本规则适用于控管者或处理者在欧盟境内之分支机构所为之个人数据处理活动，不问该处理是否发生于欧盟境内。②本规则适用于由非设立于欧盟境内之控管者或处理者对欧盟境内之数据主体所为涉及如下事项之个人资料处理：一是对欧盟境内之数据主体提供商品或服务，不问是否需要数据主体付款；二是对数据主体于欧盟内所为行为之监控。③ 本规则适用于由非设立于欧盟境内之控管者，但在会员国法律依国际公法可得适用领域内所为之个人资料处理。

中国互联网企业意识到自己在监管范围内了吗？在摩拜单车（英国）网站的隐私与Cookie政策页面上，目前是这样的内容："从您那里收集到的数据，将被传输和存储到欧洲经济区（European Economic Area）以外的地区，例如中国和新加坡等对于数据保护力度较弱的地区"。

言下之意是，我们将满足数据物理存储所在国家的数据保护监管要求，但会比欧盟的数据保护要求低。在2018年5月25日GDPR强制合规日期前，这样的免责陈述或许还能被接受。

根据《一般数据保护条例》第45条的规定，①个人资料被移转至第三国或国际组织，仅于执委会决定该第三国、第三国内之领域或特定部门或国际组织确有充足程度之保护时，方得为之。该移转无须获得任何特别授权。②于评估保护程度之充足性时，执委会尤其应考虑下列因素：(a) 法治、对人权与基本自由之尊重、一般与部门之相关立法，包括有关公共安全、国防、国家安全及刑法、公务机关对个人资料之接近使用权及该等立法、数据保护规则、专业规则及安全措施之执行，包括个人资料向其他第三国或国际组织进一步移转，其他第三国或国际组织之规则、判例法及有效且可执行之数据主体权利及个人资料受移转之资料主体有效之行政与司法救济。(b) 第三国内有一个或一个以上独立监管机关之存在及有效运作，或对象为国际组织时，确保及执行数据保护规则之遵守，包括充足之执行权，以协助及建议数据主体行使其权利，并与会员国之监管机关合作。(c) 第三国或国际组织所加入之国际协议，或其他因具法律拘束力之合约或办法及从其参与多边或区域体系而生之义务，尤其关于个人数据保护者。

2018 年 5 月 25 日 GDPR 强制合规日期后，这样的陈述根本不会被消费者和欧盟监管部门认可，因为 GDPR 监管的是数据本身，和数据存储的物理位置无关。

第二，涉及领域包含流程、组织、系统等多个方面。

GDPR 对于个人数据保护的要求首先从业务流程入手。所有收集了欧盟客户数据的企业和组织在对个人数据进行操作时，必须记录相关的操作流程和步骤。任何没有系统监控或不可审计的数据操作都不可接受。而所有的数据操作监控和审计信息都需要备案并接受政府和相关监管机构检查。

其第 25 条规定，①考虑到现有技术、执行成本，以及处理之性质、范围、内容和目的，以及处理对当事人之权利和自由所生诸多可能且严重之风险，不问是在决定处理方式时或系在处理中，控管者均应实施适当之科技化且有组织的措施，例如假名化，且该等措施旨在实现数据保护原则，如资料最少收集原则，并采取有效方式且将必要保护措施纳入处理程序，以符合本规则之要求并保护数据主体之权利。②控管者应实施适当之科技化且有组织的措施，以确保在预设情况下，仅处理一特定目的且必要限度范围内之个人资料。该义务适用于所收集之个人资料之数量、处理之程度、储存之期间及其可接近使用性。尤其是，该等措施于预设情况下，应确保个人资料不能经由人为干预而遭不特定人之接近使用。

第 30 条规定，①任一控管者及控管者代表（如适用）应维护其负责之处理活动记录。该记录应包含下列所有信息：(a) 控管者以及共同控管者（如适用）、控管者代表及数据保护员之名称及联络方式；(b) 处理目的；(c) 数据主体类型及个人资料类别之描述；(d) 个人资料已对其或将对其揭露之接收者类型，包括第三国或国际组织之接收者；(e) 将个人资料移转至第三国或国际组织（如适用），包括指明该第三国或国际组织，且若系第 49 条第 1 项第 2 款所定之移转者，适当保护措施之书面文件；

(f) 删除不同类别之个人资料之预设时间上限；(g) 第 32 条第 1 项所定科技化且有组织之安全措施之概述（如可能）。②各处理者及处理者代表（如适用）应维护代表控管者所进行之所有类别处理活动之记录，包括：(a) 各控管者及代各控管者进行处理之一个或多个处理者及该各控管者或处理者代表（如适用）及数据保护员之名称及联络方式；(b) 各控管者之代表所进行之处理类型；(c) 将个人资料移转至第三国或国际组织（如适用），包括指明该第三国或国际组织，且若系第 49 条第 1 项第 2 款所定之移转者，适当保护措施之书面文件；(d) 第 32 条第 1 项所定科技化且有组织之安全措施之概述。③第 1 项及第 2 项所定记录应以书面为之，包括电子形式。④控管者或处理者及控管者或处理者代表（如适用）应依监管机关之要求提供记录。⑤第 1 项及第 2 项所定义务不适用于员工人数低于 250 人以下之企业或组织，除非其所为之处理会造成数据主体权利及自由之风险、非偶然性之处理，或其处理包括第 9 条第 1 项所定特殊类型之个人资料，或为第 10 条所定涉及前科及犯罪之个人资料。

对于存储个人数据的系统和相关设备，企业和机构都必须将其记录并纳入数据安全策略管辖范围内，并确保数据加密策略的合理利用。这里谈到的系统和相关设备包括但不限于服务器、传统硬盘、固态硬盘、USB 闪存盘、计算机和各种移动设备等。对于组织机构方面，在个人数据被广泛使用的情况下，如被超过 250 名雇员的企业使用，或者个人数据在特定目的下被持续和系统地收集监控，那么进行数据处理或控制的企业或组织应该任命有专门数据保护知识的数据保护专员/数据保护官（Data Protection Officer，DPO）。根据其第四节关于数据保护员的指定、职务、职位的规定，数据保护专员/数据保护官的任职期限至少为两年，并向公众及监管机构通报其姓名及详细的联系方式。数据保护专员/数据保护官需要确保企业遵从个人数据保护条例的规定，并在企业发生个人数据操作违规时承担相应的法律责任。可以说，GDPR 就是个人数据保护领域的萨班斯法案

(对在美国上市的公司提供了合规性要求，使上市公司不得不考虑控制 IT 风险在内的各种风险)，为个人数据保护套上了从流程到风险控制再到组织架构的层层约束，并通过强制设定数据保护专员的方式让个人数据保护的责任落实到企业的组织架构设置中。

第三，实施要求清楚、明确。

欧盟自从 1995 年通过《数据保护指令》(“95 指令”) 以来，就不断通过完善法律法规来加强互联网时代对个人隐私数据的保护。从 2002 年发布的《隐私与电子通信指令》，到 2009 年通过的《欧洲 Cookie 指令》，这一系列法律法规和监管主要是从明确个人数据保护基本原则的角度作出了监管规定。

但是在具体操作层面还相当粗略，既没有给出企业在遵循相关规定时需要达到的客观标准，又缺乏有威慑力的违规惩戒措施。

GDPR 作为欧盟历史上最严格的数据保护措施，一改以往的大处着眼、细节模糊的做法，从各个角度明确了企业和组织在涉及个人数据保护时需要承担的责任和义务，甚至包括个人数据泄露时需要完成的强制补救措施。

第 33 条规定，①当个人资料侵害发生时，控管者即应依第 55 条向监管机关通报，不得无故迟延，且如可能，应于发现后 72 小时内通报，但个人资料侵害无造成对当事人权利及自由之风险时，不在此限。未于 72 小时内向监管机关通报之情形，通报应附迟延之理由。②发现个人资料侵害后，处理者应通报控管者，不得无故迟延。③第 1 项之通报至少应：(a) 描述个人资料侵害之本质，如有可能，应包括相关数据主体之类型及大致数量，及相关个人资料记录之类型及大致数量；(b) 告知数据保护员之姓名及联络细节，或其他得获得更多信息之联络者；(c) 描述个人资料侵害之可能结果；(d) 描述控管者已采取或预计采取用以处理个人资料侵害之措施，如适当，应包括降低可能不利影响之措施。④于目前无法同时提供信息时，信息应分阶段提供，不得有进一步之无故迟延。⑤控管者应记载任何个人资料侵害，包括与个人资料侵害相关之事实、其影响及已采取之救济措施。该等记载应得由监管机关查验是否与本条相符。

除了前文提到的设置数据保护专员/数据保护官之外，GDPR 还明确了企业在进行个人数据操作时需要承担的监控记录责任，以便于监管机构对个人数据保护的合规审计。

当发生严重的数据泄露时，GDPR 要求公司及组织第一时间通知相关国家监管机构，并把数据泄露的数量、方式、渠道以及可能的影响范围上报，甚至明确了数据泄露的通知上报必须在获知泄露的 72 小时内完成。

最后，也是最有威慑力的是，GDPR 对未满足合规要求的企业和组织给出了罚金标准。这让未来欧盟针对违反 GDPR 的行为开出高额罚款有了明确的法律依据。一旦违规，罚款金额巨大。条例中最引人注目的就是巨额的罚金上限，因为罚金上限是按照企业全球年收入划定的，并不局限于欧盟范围的业务收入。

根据其第 83 条的规定，④依照第二项规定，违反下列规定者，最高处以 1000 万欧元的行政罚款，或如为企业者，最高达前一会计年度全球年营业额之百分之二，并以较高者为准：(a) 第 8 条、第 11 条、第 25 条至第 39 条以及第 42 条及第 43 条所定控管者及处理者之义务；(b) 第 42 条及第 43 条所定认证机构之义务；(c) 第 41 条第 4 项所定监管机构之义务。⑤依照第二项规定，违反下列规定者，最高处以 2000 万欧元的行政罚款，或如为企业者，最高达前一会计年度全球年营业额之百分之四，并以较高者为准：(a) 第 5 条、第 6 条、第 7 条及第 9 条所定处理的基本原则，包括同意之条件；(b) 第 12 至第 22 条所定资料主体之权利；(c) 第 44 条至第 49 条所定个人资料移转至第三国或国际组织的接收者；(d) 依照第 9 章通过的会员国法律所定的任何义务；(e) 违反监管机关依第 58 条第 2 项规定的命令或暂时性或终局性的处理限制或停止数据传输，或未提供进入而违反第58条第1项规定。⑥违反监管机关依第58条第2项规定的命令者，依照本条第二项规定，最高处以2000万欧元的行政罚款，或如为企业者，最高达前一会计年度全球年营业额之百分之四，并以较高者为准。

对于严重的违法，如大量泄露个人数据、严重违反个人数据保护操作规范或在欧盟警告下多次违反GDPR的相关规定，罚款上限是2000万欧元或前一年全球营业收入的4%（两值中取大者）。如果是针对Google这样年收入近900亿美元的公司，基于一年全球营业收入4%的罚款就将达到36亿美元。

对于不太严重的违法，例如没有保持清晰明确的个人数据操作记录、没有向监管机构和数据所有者通知数据泄露，或者没有就个人数据操作流程进行实施影响评估，罚金上限是1000万欧元或前一年全球营业收入的2%（两值中取大者）。

在此之前的9月28日，Facebook官方发布消息显示，本周发现了黑客攻击，攻击者利用代码漏洞盗取了用户账号密钥，可入侵和盗用5000万个用户账户。9月30日，根据欧洲《通用数据保护条例》，Facebook被罚16亿元。

# 第八章　重点环节的合规内控

《中央企业合规管理指引（试行）》第十四条规定：

“加强对以下重点环节的合规管理：

（一）制度制定环节。强化对规章制度、改革方案等重要文件的合规审查，确保符合法律法规、监管规定等要求。

（二）经营决策环节。严格落实“三重一大”决策制度，细化各层级决策事项和权限，加强对决策事项的合规论证把关，保障决策依法合规。

（三）生产运营环节。严格执行合规制度，加强对重点流程的监督检查，确保生产经营过程中照章办事、按章操作。

（四）其他需要重点关注的环节。”

## 第一节　经营决策

以下以组织架构为例，说明内控措施是如何保证经营决策实现合规的。

组织架构，是指企业按照国家有关法律法规、股东（大）会决议和企业章程，结合本企业实际，明确股东（大）会、董事会、监事会、经理层和企业内部各层级机构设置、职责权限、人员编制、工作程序和相关要求的制度安排。

企业至少应当关注组织架构设计与运行中的下列合规风险：

（1）公司治理结构形同虚设，缺乏科学决策、良性运行机制和执行力，可能导致企业经营失败，难以实现发展战略。

（2）内部机构设计不科学，权责分配不合理，可能导致机构重叠、职能交叉或缺失、推诿扯皮，运行效率低下。

（3）法人与股东出现人格混同情形，控股股东滥用法人独立地位。

（4）董事、监事人员不符合法定资格，导致被监管处罚。

（5）董事会、监事会组成不合法，如人数、职工代表比例、选举程序。

（6）未能有效召开股东会，导致股东提起解散之诉。

（7）股东会、董事会召开不合法。

（8）决策程序违法导致股东提起撤销之诉。

## 一、组织架构的设计

治理结构：企业应当依法明确董事会、监事会和经理层的职责权限、任职条件、议事规则和工作程序，确保决策、执行和监督相互分离，形成制衡。董事会对股东（大）会负责，依法行使企业的经营决策权。可按照股东（大）会的有关决议，设立战略、审计、提名、薪酬与考核等专门委员会，明确各专门委员会的职责权限、任职资格、议事规则和工作程序，为董事会科学决策提供支持。监事会对股东（大）会负责，监督企业董事、经理和其他高级管理人员依法履行职责。经理层对董事会负责，主持企业的生产经营管理工作。经理和其他高级管理人员的职责分工应当明确。董事会、监事会和经理层的产生程序应当合法合规，其人员构成、知识结构、能力素质应当满足履行职责的要求。

"三重一大"：企业的重大决策、重大事项、重要人事任免及大额资金支付业务等，应当按照规定的权限和程序实行集体决策审批或者联签制度。任何个人不得单独进行决策或者擅自改变集体决策意见。重大决策、重大事项、重要人事任免及大额资金支付业务的具体标准由企业自行确定。企业拥有子公司的，应当建立科学的投资管控制度，通过合法、有效的形式履行出资人职责，维护出资人权益，重点关注子公司特别是异地、境外子公司的发展战略、年度财务预决算、重大投融资、重大担保、大额资金使用、主要资产处置、重要人事任免、内部控制体系建设等重要事项。

权责分配：企业应当按照科学、精简、高效、透明、制衡的原则，综合考虑企业性质、发展战略、文化理念和管理要求等因素，合理设置内部职能机构，明确各机构的职责权限，避免职能交叉、缺失或权责过于集中，形成各司其职、各负其责、相互制约、相互协调的工作机制。企业应当对各机构的职能进行科学、合理的分解，确定具体岗位的名称、职责和工作要求等，明确各个岗位的权限和相互关系。企业在确定职权和岗位分工的过程中，应当体现不相容职务相互分离的要求。不相容职务通常包括可行性研究与决策审批、决策审批与执行、执行与监督检查等。企业应当制定组织结构图、业务流程图、岗（职）位说明书和权限指引等内部管理制度或相关文件，使员工了解和掌握组织架构设计及权责分配情况，正确履行职责。

## 二、组织架构的运行

结构梳理：企业应当根据组织架构的设计规范，对现有治理结构和内部机构设置进行全面梳理，确保本企业治理结构、内部机构设置和运行机制等符合现代企业制度要求。梳理治理结构，应当重点关注董事、监事、经理及其他高级管理人员的任职资格和履职情况，以及董事会、监事会和经理层的运行效果。治理结构存在问题的，应当采取有效措施加以改进。梳理内部机构设置，应当重点关注内部机构设置的合理性和运行的高效性等。内部机构设置和运行中存在职能交叉、缺失或运行效率低下的，应当及时解决。

优化：企业应当定期对组织架构设计与运行的效率和效果进行全面评估，发现组织架构设计与运行中存在缺陷的，应当进行优化调整。企业组织架构调整应当充分听取董事、监事、高级管理人员和其他员工的意见，按照规定的权限和程序进行决策审批。

## 示例8.1：管理制度及“三重一大”事项决策管理制度

### 第1章 总则

第1条 目的。

为规范公司高层管理者的决策行为，提高决策水平，有效避免“一言堂”“一支笔”现象的发生，特制定本制度。

第2条 适用范围。

本制度适用于公司“三重一大”事项的决策，即公司重大决策事项、重要人事任免事项、重大项目安排事项和大额度资金运作事项。

第3条 决策原则。

1. 集体决策。

2. 依法决策。

3. 规范决策。

### 第2章 “三重一大”事项的主要内容

第4条 重大决策事项。

1. 公司发展方向、发展战略、经营方针、中长期发展规划等重大战略管理事项。

2. 公司年度生产经营计划、工作报告、财务计划预算、决算等重大生产经营管理事项。

……

9. 企业文化建设等重要问题。

10. 对公司违纪人员的处理。

11. 企业向上级请示、报告的重大事项。

第5条　重要人事任免事项。

重要人事任免事项主要包括但不限于以下项目：

1. 公司后备干部的推荐、管理。

2. 公司向上级组织推荐的后备干部人选。

3. 公司部门经理级以上管理人员（包括重大项目负责人）的任免、聘用（解聘）、奖惩等。

……

第6条　重大项目安排事项。

重大项目安排事项主要包括但不限于以下项目：

1. 公司投资计划、年度大中修计划、基建技改计划和融资、担保等项目。

2. 公司计划外追加的下列投资项目：

（1）××万元以上基建项目，××万元以上技改、检修项目。

（2）××万元以上重大关键性设备引进和重要物资设备购置等需要招投标的项目。

3. 公司重大销售、采购合同签订，新产品开发，产品定价等项目。

……

6. 公司高层管理者认为应该集体决策的其他项目。

第7条　大额度资金运作事项。

大额度资金运作事项主要包括但不限于以下项目。

1. 公司年（月）度计划的大额度资金使用。

2. 公司未列入预算（计划）的资金使用，以立项实批数字为准。

……

## 第3章　“三重一大”事项的决策方式

第8条　凡属“三重一大”事项决策的，应根据事项的具体内容、具体情况选择讨论方式。公司的主要决策方式为经董事会、总经办、职工代表大会等会议讨论形成决议。

第9条　董事会会议。

第10条　总经办会议。

第11条　本制度第4条所列的第1项、第2项、第3项、第5项重大事项和第6项涉及解除劳动合同时，应经总经办会议讨论通过后提交职工代表大会讨论形成决议。

## 第4章　"三重一大"事项的决策规则及程序

第12条　凡属"三重一大"事项的，应按规定程序作出决策，除遇重大突发事件或紧急情况外，必须经高层管理者以会议形式集体作出决策，不得以会前酝酿、传阅会签、碰头会或个别征求意见等方式代替集体决策。

第13条　"三重一大"事项决策前，高层管理者要通过多种方式对有关议题进行充分酝酿，要求相关部门之间必须及时沟通和磋商，但不得作出决定或影响集体决策。

第14条　对涉及面较广、试验性较强的决策事项，应在局部范围内先行试点，可行后再正式决策实施。

第15条　重大事项决策前的运作程序。

1. 由有关部门根据管理者指示或工作需要提出研究决定的事项，或由高层管理者直接提出。

2. 重大事项议题明确后，分管管理者应召集有关部门进行初步审核，广泛深入调查研究，充分听取各方面意见，对专业性、技术性较强的事项，应进行专家论证、技术咨询、决策评估；对与公司员工利益密切相关的事项，应实行公示制度，扩大员工参与度，进一步征求意见和建议。

3. 根据所要决策事项的内容，准备会议材料，确定时间、地点、与会人员等。

第16条　重要人事任免决策前的运作程序。

1. 由总经办提名、讨论，任免、聘任（解聘）管理人员。

……

第17条　重大项目安排决策前的运作程序。

第18条　大额度资金使用决策前的运作程序。

1. 有关部门提出资金使用的年（月）度计划或预算外资金的使用意向、额度。

……

第19条　回避制度。凡决策事项涉及与会人员本人及其亲属的，本人应主动申请回避。

第20条　重大突发事件或紧急情况来不及集体决策的，公司主要领导（董事长、总经理）可临时处置，事后应及时向公司高层管理层汇报并说明情况。

第21条　保密工作。

第22条　传达工作。

第23条　公司各相关职能部门应职责尽快完善或修订与“三重一大”有关的制度、规定、程序等。

## 第5章　“三重一大”事项的责任追究

第24条　责任追究依据。

第25条　责任追究方式。

责任追究方式包括责令检查、通报批评、免职、责令辞职、给予党纪政纪处分、赔偿经济损失、移送司法机关处理等。

第26条　与会人员须对会议的决策承担责任。

第27条　凡属下列情况之一，给公司及员工利益造成重大损失或严重不良影响的应追究当事人的责任：

1. 不履行或不正确履行“三重一大”决策规则和程序的。

……

11. 会议记录严重不规范和篡改会议记录的。

12. 其他违反本制度造成重大损失或严重不良影响的。

第28条　集体决策违规或失误责任追究。

第6章　附则

第29条　本制度由总经办制定，由公司董事会负责审核、审批。

第30条　本制度自______年____月____日起实施。

## 第二节　发展战略

发展战略，是指企业在对现实状况和未来趋势进行综合分析和科学预测的基础上，制定并实施的长远发展目标与战略规划。

企业制定与实施发展战略至少应当关注下列合规风险：

（1）缺乏明确的发展战略。

（2）战略无法落实，可能导致企业盲目发展，难以形成竞争优势，丧失发展机遇和动力。

（3）发展战略过于激进，脱离企业实际能力或偏离主业，可能导致企业过度扩张，甚至经营失败，如乐视模式的失败。

（4）发展战略因主观原因频繁变动，可能导致资源浪费，甚至危及企业的生存和持续发展。

### 一、发展战略的制定

目标制定：企业应当在充分调查研究、科学分析预测和广泛征求意见的基础上制定发展目标。企业在制定发展目标过程中，应当综合考虑宏观经济政策、国内外市场需求变化、技术发展趋势、行业及竞争对手状况、可利用资源水平和自身优势与劣势等影响因素。根据发展目标制定战略规划。战略规划应当明确发展的阶段性和发展程度，确定每个发展阶段的具体目标、工作任务和实施路径。

战略委员会：企业应当在董事会下设立战略委员会，或指定相关机构负责发展战略管理工作，履行相应职责。明确战略委员会的职责和议事规则，对战略委员会会议的召开程序、表决方式、提案审议、保密要求和会议记录等作出规定，确保议事过程规范透明、决策程序科学民主。战略委员会应当组织有关部门对发展目标和战略规划进行可行性研究和科学论证，形成发展战略建议方案；必要时，可借助中介机构和外部专家的力量为其履行职责提供专业咨询意见。战略委员会成员应当具有较强的综合素质和实践经验，其任职资格和选任程序应当符合有关法律法规和企业章程的规定。

审议：董事会应当严格审议战略委员会提交的发展战略方案，重点关注其全局性、长期性和可行性。董事会在审议方案中如果发现重大问题，应当责成战略委员会对方案作出调整。企业的发展战略方案经董事会审议通过后，报经股东（大）会批准实施。

## 二、发展战略的实施

实施：企业应当根据发展战略，制订年度工作计划，编制全面预算，将年度目标分解、落实；同时，完善发展战略管理制度，确保发展战略有效实施。战略委员会应当加强对发展战略实施情况的监控，定期收集和分析相关信息，对于明显偏离发展战略的情况，应当及时报告。由于经济形势、产业政策、技术进步、行业状况以及不可抗力等因素发生重大变化，确需对发展战略作出调整的，应当按照规定权限和程序调整发展战略。乐视模式的破产向我们表明，制定发展战略必须要经过集体讨论，根据形势变化而调整。

宣传：企业应当重视发展战略的宣传工作，通过内部各层级会议和教育培训等有效方式，将发展战略及其分解落实情况传递到内部各管理层级和全体员工。

## 示例8.2：战略规划制定管理办法

### 第1章　总则

第1条　为规范公司战略规划制定管理，使制定的公司战略规划更符合公司发展的实际情况，特制定本办法。

第2条　本办法适用范围。

第3条　公司的战略规划制定的原则。

### 第2章　战略制定责权划分

第4条　战略管理部门的组成。

第5条　股东大会的地位和职责。

第6条　董事会的地位和职责。

第7条　公司战略规划部的地位和职责。

### 第3章　战略规划制定程序

第8条　战略目标的制定考虑因素。

第9条　战略委员会应当根据发展目标制定短期、中期、长期滚动的战略规划。战略规划应当明确发展的阶段性和发展程度，确定每个发展阶段的具体目标、工作任务和实施途径。

第10条

公司经营环境分析：包括宏观环境、国内外市场形势、技术发展趋势、主业市场分析等。

公司竞争能力分析：包括公司经营状况、基本发展条件、主要技术状况和核心竞争力分析体发展战略。

总体发展战略：包括战略优势和劣势分析、战略机会和威胁分析、备选战略分析和战略方针的界定。

战略目标体系：包括公司愿景规划、三年关键目标、当年关键指标的界定。

关键职能战略行动：包括业务、技术、产品、财务、人才等方面的策略和关键行动。

第11条　董事会审议战略委员会提出的战略规划方案时，应重点关注其全局性、长期性和可行性。

第12条　战略规划方案经过董事会审议后，报股东大会批准实施。

## 第4章　战略规划制定注意事项

第13条　制定战略规划时，应在充分调查研究、征求意见和分析预测的基础上进行。

第14条　在制定战略规划的过程中，应当综合考虑市场机会与需求变化、竞争对手状况、可利用的资源水平和自身优势与弱点等情况。

第15条　所制定的战略规划应当体现战略期内技术创新、市场占有、盈利能力、资本实力、行业排名和履行社会责任等应达到的目标，确保公司具有长期竞争优势。

第16条　公司战略规划应当经过多种方案的对比分析，择优考虑。

## 第5章　附则

第17条　本办法由公司战略规划部拟定，其解释权和修订权亦归战略规划部所有。

第18条　本办法受国家法律法规以及本公司章程的约束。本办法如与法律法规或经合法程序修改后的公司章程相抵触，按国家有关法律法规和公司章程的规定执行，并立即修订，报董事会审议通过。

第19条　本办法未尽事宜，执行国家有关法律法规和公司章程的有关规定。

第20条　本办法经公司董事会审议通过后生效实施。

## 第三节　企业文化

### 一、概述

企业文化，是指企业在生产经营实践中逐步形成的，为整体团队所认同并遵守的价值观、经营理念和企业精神，以及在此基础上形成的行为规范的总称。

加强企业文化建设至少应当关注下列风险：

（1）缺乏积极向上的企业文化，可能导致员工丧失对企业的信心和认同感，使企业缺乏凝聚力和竞争力。

（2）缺乏开拓创新、团队协作和风险意识，可能导致企业发展目标难以实现，影响可持续发展。

（3）缺乏诚实守信的经营理念，可能导致舞弊事件的发生，造成企业损失，影响企业信誉。

（4）忽视企业间的文化差异和理念冲突，可能导致并购重组失败。

### 二、发展企业文化

培育文化：企业应当积极培育具有自身特色的企业文化，引导和规范员工行为，打造以主业为核心的企业品牌，形成整体团队的向心力，促进企业长远发展。培育体现企业特色的发展愿景、积极向上的价值观、诚实守信的经营理念、履行社会责任和开拓创新的企业精神，以及团队协作和风险防范意识。重视并购重组后的企业文化建设，平等对待被并购方的员工，促进并购双方的文化融合。

员工守则：企业应当根据发展战略和实际情况，总结优良传统，挖掘文化底蕴，提炼核心价值，确定文化建设的目标和内容，形成企业文化规范，使其构成员工行为守则的重要组成部分。企业文化建设应当融入生产经营全过程，切实做到文化建设与发展战略的有机结合，增强员工的责任感和使命感，规范员工行为方式，使员工自身价值在企业发展中得到充分体现。加强对员工的文化教育和熏陶，全面提升员工的文化修养和内在素质。促进文化建设在内部各层级的有效沟通，加强企业文化的宣传贯彻，确保全体员工共同遵守。

管理层责任：董事、监事、经理和其他高级管理人员应当在企业文化建设中发挥主导和垂范作用，以自身的优秀品格和脚踏实地的工作作风，带动影响整个团队，共同营造积极向上的企业文化环境。

### 三、企业文化的评估

文化评估：企业应当建立企业文化评估制度，明确评估的内容、程序和方法，落实评估责任制，避免企业文化建设流于形式。企业文化评估，应当重点关注董事、监事、经理和其他高级管理人员在企业文化建设中的责任履行情况，全体员工对企业核心价值观的认同感，企业经营管理行为与企业文化的一致性，企业品牌的社会影响力，参与企业并购重组各方文化的融合度，以及员工对企业未来发展的信心。企业应当重视企业文化的评估结果，巩固和发扬文化建设成果，针对评估过程中发现的问题，研究影响企业文化建设的不利因素，分析深层次的原因，及时采取措施加以改进。

## 示例8.3：企业文化评估管理办法

第1条　目的。

为规范企业文化的评估管理工作，更好地进行企业文化建设，避免企业文化流于形式，特制定本办法。

第2条　评估原则（略）。

第3条　企业文化建设评估内容。

1. 董事、监事、经理和其他高级管理人员在企业文化建设中的责任履行情况。

2. 全体员工对企业核心价值观的认同感。

3. 企业经营管理行为与企业文化的一致性。

4. 企业品牌的社会影响力。

5. 参与企业并购重组后各方文化的融合。

6. 员工对企业未来发展的信心。

7. 其他需要评估的内容。

与企业文化相配套的价值体系，如企业价值链、激励机制、薪酬绩效制度。

第4条　企业文化建设评估程序。

1. 总经办组织成立企业文化评估小组。

2. 确定企业文化评估内容。

根据企业发展需要和自身现状，确定需要评估的内容。

3. 选择企业文化评估方法。

4. 进行企业文化评估。

5. 撰写企业文化评估报告。

评估小组根据评估结果撰写评估报告，内容包括但不限于以下三方面：

(1) 企业文化现状分析；

(2) 企业文化存在的不足；

(3) 对企业文化建设提出的有效建议。

第5条　附则（略）。

## 第四节　研究与开发

研究与开发，是指企业为获取新产品、新技术、新工艺等所开展的各种研发活动。

企业开展研发活动至少应当关注下列风险：

（1）研究项目与企业发展战略不匹配，未经科学论证或论证不充分，导致创新不足或资源浪费。

（2）研发人员配备不合理或研发过程管理不善，导致研发成本过高、舞弊或研发失败。

（3）研究成果转化应用不足、保护措施不力，可能导致企业利益受损。

（4）研发成果权属约定不明导致损失。

（5）未与研发人员签订保密协议、竞业禁止协议，导致人员流失、技术秘密泄露等问题。

（6）因验收不当，验收成果与要求不符，却依然通过验收，给企业造成损失。

应对措施：企业应当重视研发工作，根据发展战略，结合市场开拓和技术进步要求，科学制订研发计划，强化研发全过程管理，规范研发行为，促进研发成果的转化和有效利用，不断提升企业自主创新能力。

## 一、立项与研究

立项申请：企业应当根据实际需要，结合研发计划，提出研究项目立项申请，开展可行性研究，编制可行性研究报告。

评估审批：企业应当建立审批责任制度与流程，组织独立于申请及立项审批之外的专业机构和人员进行评估论证，出具评估意见。重大研究项目应当报经董事会或类似权力机构集体审议决策。审批过程中，应当重点关注研究项目促进企业发展的必要性、技术的先进性以及成果转化的可行性。企业应当建立研发活动评估制度，加强对立项与研究、开发与保护等过程的全面评估，认真总结研发管理经验，分析存在的薄弱环节，完善相关制度和办法，不断改进和提升研发活动的管理水平。

管理：企业应当多级协同管理研发进度，合理配备专业人员，严格落实岗位责任制，确保研究过程高效、可控。跟踪检查研究项目进展情况，评估各阶段研究成果，提供足够的经费支持，确保项目按期、保质完成，有效规避研究失败风险。企业研究项目委托外单位承担的，应当采用招标、协议等适当方式确定受托单位，签订外包合同，约定研究成果的产权归属、研究进度和质量标准等相关内容。企业与其他单位合作进行研究的，应当对合作单位进行尽职调查，签订书面合作研究合同，明确双方投资、分工、权利义务、研究成果产权归属等。

验收：企业应当建立和完善研究成果验收制度，组织专业人员对研究成果进行独立评审和验收。企业对于通过验收的研究成果，可以委托相关机构进行审查，确认是否申请专利或作为非专利技术、商业秘密等进行管理。企业对于需要申请专利的研究成果，应当及时办理有关专利申请手续。

保密：企业应当建立严格的核心研究人员管理制度，明确界定核心研究人员范围和名册清单，签署符合国家有关法律法规要求的保密协议。企业与核心研究人员签订劳动合同时，应当特别约定研究成果归属、离职条件、离职移交程序、离职后保密义务、离职后竞业限制年限及违约责任等内容。

**二、开发与保护**

转化：企业应当加强研究成果的开发，形成科研、生产、市场一体化的自主创新机制，促进研究成果转化。研究成果的开发应当分步推进，通过试生产充分验证产品性能，在获得市场认可后方可进行批量生产。

成果保护：企业应当建立研究成果保护制度，加强对专利权、非专利技术、商业秘密及研发过程中形成的各类涉密图纸、程序、资料的管理，严格按照制度规定借阅和使用。禁止无关人员接触研究成果。

## 第五节　工程项目

### 一、概述

工程项目，是指企业自行或者委托其他单位所进行的建造、安装工程。

企业工程项目至少应当关注下列风险：

（1）立项缺乏可行性研究或者可行性研究流于形式，决策不当，盲目上马，可能导致难以实现预期效益或项目失败。

（2）项目招标“暗箱操作”，存在商业贿赂，可能导致中标人实质上难以承担工程项目、中标价格失实及相关人员涉案。

（3）工程造价信息不对称，技术方案不落实，概预算脱离实际，可能导致项目投资失控。

（4）工程物资质次价高，工程监理不到位，项目资金不落实，可能导致工程质量低劣、进度延迟或中断。

（5）竣工验收不规范，最终把关不严，可能导致工程交付使用后存在重大隐患。

应对措施：企业应当建立和完善工程项目各项管理制度，全面梳理各个环节可能存在的风险点，规范工程立项、招标、造价、建设、验收等环节的工作流程，明确相关部门和岗位的职责权限，做到可行性研究与决策、概预算编制与审核、项目实施与价款支付、竣工决算与审计等不兼容职务相互分离，强化工程建设全过程的监控，确保工程项目的质量、进度和资金安全。

### 二、工程立项

项目建议：企业应当指定专门机构归口管理工程项目，根据发展战略和年度投资计划提出项目建议书，开展可行性研究，编制可行性研究报告。项目建议书的主要内容包括：项目的必要性和依据、产品方案、拟建规模、建设地点、投资估算、资金筹措、项目进度安排、经济效果和社会效益的估计、环境影响的初步评价等。可行性研究报告的内容主要包括：项目概况，项目建设的必要性，市场预测，项目建设选址及建设条件论证，建设规模和建设内容，项目外部配套建设，环境保护，劳动保护与卫生防疫，消防、节能、节水，总投资及资金来源，经济、社会效益，项目建设周期及进度安排，招投标法规定的相关内容等。企业可以委托具有相应资质的专业机构开展可行性研究，并按照有关要求形成可行性研究报告。

评审：企业应当组织规划、工程、技术、财会、法律等部门的专家对项目建议书和可行性研究报告进行充分论证和评审，并出具评审意见，以此作为项目决策的重要依据。在项目评审过程中，应当重点关注项目投资方案、投资规模、资金筹措、生产规模、投资效益、布局选址、技术、安全、设备、环境保护等方面，核实相关资料的来源和取得途径是否真实、可靠和完整。企业可以委托具有相应资质的专业机构对可行性研究报告进行评审，并出具评审意见。从事项目可行性研究的专业机构不得再从事可行性研究报告的评审。

集体决策：企业应当按照规定的权限和程序对工程项目进行决策，决策过程应有完整的书面记录。重大工程项目的立项，应当报经董事会或类似权力机构集体审议批准。总会计师或分管会计工作的负责人应当参与项目决策。任何个人不得单独决策或者擅自改变集体决策意见。工程项目决策失误应当实行责任追究制度。

许可：企业应当在工程项目立项后、正式施工前，依法取得建设用地、城市规划、环境保护、安全、施工等方面的许可。

### 三、工程招标

公开招标：企业的工程项目一般应当采用公开招标的方式，择优选择具有相应资质的承包单位和监理单位，在选择承包单位时，企业可以将工程的勘察、设计、施工、设备采购一并发包给一家项目总承包单位，也可以将其中的一项或者多项发包给一家工程总承包单位，但不得违背工程施工组织设计和招标设计计划，将应由一家承包单位完成的工程肢解为若干部分发包给几家承包单位。企业应当依照国家招投标法的规定，遵循公开、公正、平等竞争的原则，发布招标公告，提供载有招标工程的主要技术要求、主要合同条款、评标的标准和方法，以及开标、评标、定标的程序等内容的招标文件。

标底：企业可以根据项目特点决定是否编制标底。需要编制标底的，标底编制过程和标底应当严格保密。在确定中标人前，企业不得与投标人就投标价格、投标方案等实质性内容进行谈判。

评标：企业应当依法组织工程招标的开标、评标和定标，并接受有关部门的监督。企业应当依法组建评标委员会。评标委员会由企业的代表和有关技术、经济方面的专家组成。评标委员会应当客观、公正地履行职务、遵守职业道德，对所提出的评审意见承担责任。企业应当采取必要的措施，保证评标在严格保密的情况下进行。评标委员会应当按照招标文件确定的标准和方法，对投标文件进行评审和比较，择优选择中标候选人。评标委员会成员和参与评标的有关工作人员不得透露对投标文件的评审和比较、中标候选人的推荐情况以及与评标有关的其他情况，不得私下接触投标人，不得收受投标人的财物或者其他好处。

中标：企业应当按照规定的权限和程序从中标候选人中确定中标人，及时向中标人发出中标通知书，在规定的期限内与中标人订立书面合同，明确双方的权利、义务和违约责任。企业和中标人不得再行订立背离合同实质性内容的其他协议。

## 四、工程造价

造价管理：企业应当加强工程造价管理，明确初步设计概算和施工图预算的编制方法，按照规定的权限和程序进行审核批准，确保概预算科学、合理。企业可以委托具备相应资质的中介机构开展工程造价咨询工作。

设计图纸：企业应当向招标确定的设计单位提供详细的设计要求和基础资料，进行有效的技术、经济交流。初步设计应当在技术、经济交流的基础上，采用先进的设计管理实务技术，进行多方案比选。施工图设计深度及图纸交付进度应当符合项目要求，防止因设计深度不足、设计缺陷，造成施工组织、工期、工程质量、投资失控以及生产运行成本过高等问题。

变更设计：企业应当建立设计变更管理制度。设计单位应当提供全面、及时的现场服务。因过失造成设计变更的，应当实行责任追究制度。

预算审核：企业应当组织工程、技术、财会等部门的相关专业人员或委托具有相应资质的中介机构对编制的概预算进行审核，重点审查编制依据、项目内容、工程量的计算，定额套用等是否真实、完整和准确。工程项目概预算按照规定的权限和程序审核批准后执行。

### 五、工程建设

施工监控：企业应当加强对工程建设过程的监控，实行严格的概预算管理，切实做到及时备料、科学施工、保障资金、落实责任，确保工程项目达到设计要求。

执行：按照合同约定，企业自行采购工程物资的，应当按照《企业内部控制应用指引第 7 号—采购业务》等相关指引的规定，组织工程物资采购、验收和付款；由承包单位采购工程物资的，企业应当加强监督，确保工程物资采购符合设计标准和合同要求。严禁不合格工程物资投入工程项目建设。重大设备和大宗材料的采购应当根据有关招标采购的规定执行。

工程监理：企业应当实行严格的工程监理制度，委托经过招标确定的监理单位进行监理。工程监理单位应当依照国家法律法规及相关技术标准、设计文件和工程承包合同，对承包单位在施工质量、工期、进度、安全和资金使用等方面实施监督。工程监理人员应当具备良好的职业操守，客观、公正地执行监理任务，发现工程施工不符合设计要求、施工技术标准和合同约定的，应当要求承包单位改正；发现工程设计不符合建筑工程质量标准或者合同约定的质量要求的，应当报告企业要求设计单位改正。未经工程监理人员签字，工程物资不得在工程上使用或者安装，不得进行下一道工序施工，不得拨付工程价款，不得进行竣工验收。

结算：企业财会部门应当加强与承包单位的沟通，准确掌握工程进度，根据合同约定，按照规定的审批权限和程序办理工程价款结算，不得无故拖欠。

工程变更：企业应当严格控制工程变更，确需变更的，应当按照规定的权限和程序进行审批。重大的项目变更应当按照项目决策和概预算控制的有关程序和要求重新履行审批手续。因工程变更等原因造成价款支付方式及金额发生变动的，应当提供完整的书面文件和其他相关资料，并对工程变更价款的支付进行严格审核。

**六、工程验收**

竣工验收：企业收到承包单位的工程竣工报告后，应当及时编制竣工决算，开展竣工决算审计，组织设计、施工、监理等有关单位进行竣工验收。企业应当组织审核竣工决算，重点审查决算依据是否完备、相关文件资料是否齐全、竣工清理是否完成、决算编制是否正确。企业应当加强竣工决算审计，对未实施竣工决算审计的工程项目，不得办理竣工验收手续。

交付：企业应当及时组织工程项目竣工验收。交付竣工验收的工程项目，应当符合规定的质量标准，有完整的工程技术经济资料，并具备国家规定的其他竣工条件。验收合格的工程项目，应当编制交付使用财产清单，及时办理交付使用手续。

档案管理：企业应当按照国家有关档案管理的规定，及时收集、整理工程建设各环节的文件资料，建立完整的工程项目档案。企业应当建立完工项目后评估制度，重点评价工程项目预期目标的实现情况和项目投资效益等，并以此作为绩效考核和责任追究的依据。

### 案例8.1：不当变更工程——巨人大厦的“倒塌”①

1992年，处在事业快速上升期、傲视群雄的史玉柱决定建造巨人大厦，当时巨人的资产规模已超过一亿元，资金流动数百万元，起初建造巨人大厦的计划是盖38层，供巨人集团内部使用。但为了争夺全国第一高的头衔，两年后其又改为盖到70层。从最初的38层加盖到70层，需要资金12亿元左右，工期更是延长了三倍。1996年，巨人大厦资金告急，史玉柱决定将保健品业务的全部资金调往巨人大厦，保健品业务因资金“抽血”过量，再加上管理不善，迅速盛极而衰。1997年年初，巨人大厦未按期完工，只建至地面三层的巨人大厦停工，巨人集团已名存实亡。

## 第六节　内部信息传递

### 一、概述

内部信息传递，是指企业内部各管理层级之间通过内部报告形式传递生产经营管理信息的过程。

企业内部信息传递至少应当关注下列风险：

（1）内部报告系统缺失、功能不健全、内容不完整，可能影响生产经营有序运行。

（2）内部信息传递不通畅、不及时，可能导致决策失误、合规政策及

① 方向明，皮昊，韩慧．史玉柱：大祸与大惑[J]．中国企业家，1997(4)：6－25.

措施难以落实。

（3）内部信息传递中泄露商业秘密，可能削弱企业核心竞争力。

应对措施：企业应当加强内部报告管理，全面梳理内部信息传递过程中的薄弱环节，建立科学的内部信息传递机制，明确内部信息传递的内容、保密要求及密级分类、传递方式、传递范围以及各管理层级的职责权限等，促进内部报告的有效利用，充分发挥内部报告的作用。

## 二、内部报告的形成

指标体系：企业应当根据发展战略、风险控制和业绩考核要求，科学规范不同级次内部报告的指标体系，采用经营快报等多种形式，全面反映与企业生产经营管理相关的各种内外部信息。内部报告指标体系的设计应当与全面预算管理相结合，并随着环境和业务的变化不断进行修订和完善。设计内部报告指标体系时，应当关注企业成本费用预算的执行情况。内部报告应当简洁明了、通俗易懂、传递及时，便于企业各管理层级和全体员工掌握相关信息、正确履行职责。

报告流程：企业应当制定严密的内部报告流程，充分利用信息技术，强化内部报告信息集成和共享，将内部报告纳入企业统一信息平台，构建科学的内部报告网络体系。企业内部各管理层级均应当指定专人负责内部报告工作，重要信息应及时上报，并可以直接报告高级管理人员。建立内部报告审核制度，确保内部报告信息质量。企业应当关注市场环境、政策变化等外部信息对企业生产经营管理的影响，广泛收集、分析、整理外部信息，并通过内部报告传递到企业内部相关管理层级，以便采取应对策略。

渠道拓展：企业应当拓宽内部报告渠道，通过落实奖励措施等多种有效方式，广泛收集合理化建议。企业应当重视和加强反舞弊机制建设，通过设立员工信箱、投诉热线等方式，鼓励员工及企业利益相关方举报和投诉企业内部的违法违规、舞弊和其他有损企业形象的行为。

## 三、内部报告的使用

使用：企业各级管理人员应当充分利用内部报告管理和指导企业的生产经营活动，及时反映全面预算执行情况，协调企业内部相关部门和各单位的运营进度，严格绩效考核和责任追究，确保企业实现发展目标。

评估风险：企业应当有效利用内部报告进行风险评估，准确识别和系统分析企业生产经营活动中的内外部风险，确定风险应对策略，实现对风险的有效控制。企业对于内部报告反映出的问题应当及时解决；涉及突出问题和重大风险的，应当启动应急预案。企业应当建立内部报告的评估制度，定期对内部报告的形成和使用进行全面评估，重点关注内部报告的及时性、安全性和有效性。

保密：企业应当制定严格的内部报告保密制度，明确保密内容、保密措施、密级程度和传递范围，防止泄露商业秘密。

# 索　引

# 后　记

## 合规为什么需要律师

正文谈了合规管理的内容，下面笔者想要谈一谈合规管理中律师的作用。

### 一、合规律师的存在意义

前文已经说明合规管理是带有法律职业属性的特殊管理范畴。合规管理制度从诞生之日起就是为了“合规”这个目的，使企业免于触犯法律而受惩罚，或者在难以避免地触犯法律之后帮助企业减轻乃至免除处罚。从合规管理制度的发展历史上看，美国律师起了极大的作用，如果没有律师们在法庭上一次次地以企业实施了合规上的管理措施为由，向法庭主张减轻或免除企业因违反反不正当竞争、反垄断、出口管制、资本市场信息披露等方面法律法规的责任，合规管理的发展也无法达到如此速度。同时，也正是在一篇篇律师答辩意见与判决书中，什么是健全、有效的合规管理体系才逐渐明确。合规管理需要律师，因为当企业面临监管部门的处罚时，需要律师为其提供辩护，为了保证合规管理体系符合政府当局认定的健全、有效原则，更需要律师事前的参与，尤其是当法律法规监管规定存在空白或多重意思时，律师需要根据自己的办案经验和相关认知提出自己的解释方案。法律法规监管规定总是处于一个不断发展变化的范畴之中，识别合规风险的压力十分巨大，对于企业而言，它并没有如此多的精力去关注每一部法规的制定和修改，即使是法务专员也是，由于接触的案件范围相对有限，对法律变化的感知也相对滞后，而律师需要去及时关注这些新的情况，并更新自己的理论解释，因而让律师参与合规管理工作是十分有益的。

合规业务在中国的开展不过是近几年的事情，然而在欧洲、美国、日本已经相对成熟了，甚至出现了合规律师这个新职业，合规律师相对于传统的刑事律师、知识产权律师、商事律师而言，具有如下新的特征：①如娱乐法那样打破了传统业务领域的分隔，综合了刑事、民事、行政等方面，既可以为企业在行政、刑事处罚中辩护，又可以代理企业向相关方寻求赔偿。②业务范围中诉讼与非诉讼等量齐观，都十分重要，合规律师不仅要为企业出庭，还需要参与企业的合规管理工作，提供合规调查、合规政策方案建议、员工合规问题咨询与举报、合规管理体系审核评估改进等工作，对于日本等国的出口企业而言，还需要合规律师为它们提供出口管制上的合规报告以获取出口许可。③合规律师的从业要求较高，不仅需要具有传统领域的从业经验，而且要精通多个业务领域，与时俱进，横跨税收、知识产权、反垄断、反不正当竞争、资本市场、劳动与人权、个人数据保护等诸多领域。随着法治的发展，合规要求越来越多，合规律师的重要性也越发明显。

## 二、合规律师的工作范围

合规律师的工作可以概括为以下几个方面。

### 1. 协助企业搭建合规管理体系

合规律师需要从法律实务角度出发，即从 1991 年美国《联邦量刑指南》等法律法规监管规定出发，识别这些规定对有效合规管理体系的认定标准，结合司法实践，为企业设计一个符合要求的有效合规管理体系。没有完全相同的两家企业，因此，在搭建合规管理体系的过程中，合规律师首先应当熟悉企业的治理结构组织架构，根据企业的实际情况帮助企业完善股东会、董事会、监事会管理层的权责分配，优化公司治理，并在此基础上搭建合规管理的组织架构，如帮助董事会组建下设的合规管理委员会、组织合规部门等，并帮助其通过法定程序确定合规管理人选。其次，合规律师应当熟悉企业的业务模式及其合规风险，在业务部门与合规部门之间有针对性地分配权责，并制定相应的识别、评估、报告、预警、应对制度，保证对业务领域的合规风险能够实行有效管理。

2. 起草公司各项合规政策及制度

合规政策是企业内部的“法律”，合规管理离不开合规政策。立法者常常假设法律适用的对象能知晓并遵守法律，然而，事实上，这个假设并不成立，因此，外规的内化就显得格外重要。合规律师应当充分吸收领会含有合规要求的相关法律法规和监管规定的内容及精神，在企业内部起草一份能够保证有效遵守外规的合规政策，实现外规的内化。律师起草合规政策时应当注意合规政策与法律的区别，如在语言上，合规政策应当简明易懂，为企业上下提供行为指引。

3. 起草并完善公司合规培训材料，开展合规培训

人员是合规管理的三大支柱之一，没有合格的人员，合规管理就无从谈起。合规律师作为法律专家，可以为企业提供基础性的合规培训与专业性的合规培训，保证员工和管理层能够掌握企业合规管理体系的基本知识，如主管部门、投诉渠道以及劳动法等。同时，专业性的合规培训可以针对业务部门面临的合规风险，有的放矢，提高合规风险预防的能力，通过合规培训，可以培育良好的合规文化，让合规成为企业的价值观。合规手册、工作底稿是合规培训的重要材料，也是律师合规管理工作的重要成

果，律师在日常合规管理与诉讼中积累的经验与知识有利于其提供高水平的合规培训。

4. 追踪主要国家、地区法律法规的出台及更新，从合规角度分析其影响

法律和法规监管规定并非一成不变的，各个国家的法律制度也不一样，这给合规管理工作带来了巨大困难，如资本市场，规则更迭频繁，在国外上市的企业尤其应注意，否则会面临处罚。合规律师不仅应当掌握、关注国内法律规定，还要放眼世界，理解不同法系的区别，如英美法系重视通过个人诉讼以及惩罚性“天价”赔偿来实现对企业违规行为的监督纠正，而在欧盟，企业要面对来自多个层次的监管部门的监督与罚款。合规律师必须及时识别这些地区合规风险的变化及其对企业的影响，向管理层报告，发出警示。欧盟《通用数据保护条例》出台后，小米等企业纷纷暂停或调整了其服务，而摩拜公司却可能面临2000万欧元的罚款，这样的情况再一次提醒我们关注不同国家法律更新的重要性。

5. 与其他部门配合，对合规政策及制度执行情况进行监督

合规律师需要与审计、内控等部门配合，保证合规管理上的工作衔接，对于审计、内控提供的疑点，合规律师应当及时与管理层沟通，必要时组织开展合规调查，而合规调查及日常合规管理中发现的需要审计的问题，也应及时传递给审计部门，由其开展合规审计工作。

合规律师能做的还有很多，比起其他律师，合规律师更像是企业的合伙人，可以参与企业的合规管理，提供方方面面的建议，陪伴企业成长。市场经济的本质就是法治经济，随着市场制度的完善，合规的要求会越来越多。无论是大企业还是小企业，成功的企业必然是合规的企业。